똥멍청이가
되었어요

코로나 덕분에 알게 된 내 아이의 민낯
스스로 공부하는 습관을 안드로메다로 보내버린 아이들
그 아이들을 지켜보며 외치는 부모님들의 간절한 S.O.S

초·중·고
담임선생님들이
건네는

공감과 위로,
조언의 Talk

똥멍청이가
되었어요

김은영 · 최대철 · 김선미
지음

안드로메다로 사라진
자기주도 학습의 지구 귀환 프로젝트를 시작합니다.

TaLK SHOW

All learning has an emotional base.

모든 교육은 감정에 기반을 두고 있다.

플라톤 Plato(B.C.427~B.C.347)

줄탁동시(啐啄同時)
"줄(啐)과 탁(啄)이 동시에 이루어진다."

병아리가 알에서 나오기 위해서는
새끼와 어미 닭이 안팎에서
서로 쪼아야 한다는 뜻.
가장 이상적인 사제 간을 비유하거나,
서로 합심하여 일이 잘 이루어지는 것을
비유하는 말

김선미 선생님의 급훈

"자기답게 빛나라"

차례

1부
엄마 마음, 클릭하기

● ● ●

부모님!
우리의 톡방에
초대합니다.

편집자 안녕하세요? 교육 단행본 『똥멍청이가 되었어요』의 톡방에 초등학교, 중학교, 고등학교에서 국어, 영어, 수학을 가르치시는 세 분의 선생님을 모셨습니다. 자기소개를 부탁드립니다.

김선미 안녕하세요. 등촌고등학교에서 국어를 가르치는 교사이면서 집에서는 초등학교 5학년, 4학년 두 딸의 엄마입니다. 학교에서 학생들을 만날 때도, 집안에서 아이들을 볼 때도, 그들 자신이 인생의 주체자가 되어 당당하게 살아가길 바라는 마음으로 지켜보며 옆에서 조금이나마 도움이 되길 바라는 마음으로 응원하고 있습니다. 다른 누군가에 의해 행복감을 느끼는 것이 아니라 자신의 힘으로 자존감을 느끼고 자신이 만들어 내는 인생을 살아갔으면 좋겠습니다.

김은영 안녕하세요. 저는 현재 서울에서 예쁜 초등학생들을 가르치고 있습니다. 학생들의 순수한 말과 활기찬 웃음은 제게 큰 활력을 줍니다. 저는 어릴 때 소심하고 겁 많은 학생이어서 선생님 앞에서 긴장하는 일이 많았습니다. 그래서 처음 교사가 되었을 때 앞으로 나와 만날 학생들은 선생님을 편안하고 따뜻한 사람으로 느꼈으면 좋겠다고 생각했습니다. 이후 학생 한 명 한 명에게 많은 관심을 보여주려고 노력했고 그 결과 제 책상 주변에는 항상 아이들이 가득하다는 이야기를 듣게 되었습니다.

김은영 선생님
최대철 선생님
김선미 선생님
(시계 방향)

제 교육 목표는 제가 만난 학생들이 이후에 저와 함께했던 1년을 떠올렸을 때 정말 즐거운 한 해였다고 생각할 수 있도록 행복하고 건강한 교실을 만드는 것입니다.

최대철 안녕하세요. 경기도 평택 태광중학교에서 수학을 가르치는 교사이면서 중학교 2학년 아들, 초등학교 6학년 딸을 기르는 최대철입니다. 학교에서는 교육과정을 담당하면서 교과 및 창의적 체험 활동 영역의 교육을 조율하는 역할을 하고 있습니다.
행복을 이야기하긴 어렵지만, 모든 학교 구성원의 행복한 학교를 만들기 위해 최선을 다하려고 합니다. 학부모로서 가정에서는 아이 스스로 삶의 목표를 정하고, 실천하는 모습을 도와주려고 노력하고 있습니다.

편집자 『똥멍청이가 되었어요』라는 책 제목을 듣고 어떠셨나요? 어떤 부모님은 기분이 나쁘실 수도 있고, 어떤 부모님은 격하게 공감하실 것 같아요.

김선미 우리 집 아이들이 프린트된 제목 '똥멍청이'를 보더니 왜 자신들이 똥멍청이냐며 강력하게 부인하더라고요. 강력한 항변에 얼마나 웃었는지 모릅니다. 코로나19로 인해 처음 겪을 수밖에 없었던 온라인 수업으로 집에서 뒹굴뒹굴하는 아이를 보며 '똥멍청이 같다'는 말을 들었을 때 재미있게 표현했다고 생각해서 웃음이 나왔는데, 다시금 생각해 보니 그 모습을 보며 학부모님들은 얼마나 답답한 마음이 들었을까 하는 안타까운 마음이 들었어요.

김은영　제 눈길을 확 사로잡는 강렬한 책 제목이었습니다. 우리 아이가 온라인 개학 이후 점점 더 게을러지고 멍청해지고 있다고 한탄하는 부모님들을 인터넷 댓글에서 종종 보았던 터라 부모님들이 이 제목을 보시면 저절로 책에 손이 뻗어질 것 같습니다. 저도 일부 학생들이 온라인 수업과 과제에 제대로 참여하지 않는 모습을 볼 때 정말 걱정스럽고 안타까웠는데 바로 옆에서 아이들을 살피시는 부모님들은 얼마나 속이 탔을지 상상이 됩니다.

최대철　단어 자체가 주는 거친 느낌은 있었지만, 현실적으로 많은 학부모님, 학생들이 어려운 시기를 지내고 있다는 느낌으로 와닿았습니다. 저 역시 지난 1년을 되돌아보면, 거의 백지상태로 지내왔던 것 같아요. 처음 겪는 온라인 원격 수업 준비에 힘든 부분도 있었고, 그로 인해 학생들도 수업 자체보다 수업 참여 형식을 익히는데 더 많은 시간이 걸리는 등 전반적으로 어려움을 겪었던 것은 사실입니다.

편집자　이 톡방은 2020년 코로나 확산으로 인해 등교 수업이 중지되고, 온라인 수업으로 전환되었을 때 아이의 생활 습관과 학습 때문에 너무 고통스럽다고 호소하신 스물한 명 어머니의 고민을 해결하고자 개설되었습니다. 처음에 이 톡을 함께 하자고 제안을 받으셨을 때 무슨 생각을 하셨나요?

최대철　교사로서 일정 부분 도움이 되고 싶다는 바람이 있었습니다. 모든 학부모와 학생의 고민을 들어주고 해결할 수는 없지만, 앞으로 겪게 될 온라인 수업 과정 중 가정에서 할 수 있는 역할 찾기에 도움이 되었으면 좋겠다는 생각으로 흔쾌히 참여하게 되었습니다.

김은영　부모님들이 온라인 수업 기간에 아이들을 지도하며 겪게 되는 문제점들을 자세히 알 수 있는 기회라는 생각이 들어 꼭 참여하고 싶었습니다. 앞으로 온라인 수업을 병행해 나갈 교사로서 많은 참고가 될 것 같았어요. 그리고 그 문제들을 초등뿐만 아닌 중, 고등학교 선생님들과 함께 논의한다면 더 넓은 시각에서 다양한 문제 해결 방법을 찾아볼 수 있을 것 같아 많은 기대가 되었습니다.

김선미　교사로서 온라인 수업을 했지만, 저 또한 학부모로서 집에 아이들을 두고 출근해야 하는 상황 속에서 많은 부분을 공감할 것 같

첫인사

아요. 그런 점에서 학부모님들과 함께 이야기 나눌 수 있게 되어 기뻤습니다.

편집자 저도 4학년, 2학년, 6세 아이를 키우고 있어요. 2020년 초반에는 자신만만하게 웃으면서 온라인 수업을 시작했는데, 시간이 흐를수록 아이들과 24시간 붙어 있는 게 너무 괴롭고, 나중에는 아이들을 이해하지 못하는 저 자신이 미워지더라고요. 도대체 교육은 무엇일까? 부모가 아이를 키운다는 건 무엇일까? 완전히 근본적인 고민까지 들어가게 되었어요. 선생님들께서는 어떤 고민을 하셨어요?

김은영 저는 매 차시 수업 영상을 준비하는 것이 무척 어려웠습니다. 영상의 특성상 학생들과 직접 상호작용할 수 없고 다양한 활동을 시도하기도 어려웠어요. 자칫하면 아주 딱딱한 강의식 수업이 될 수 있어서 어떻게 하면 학생들의 집중력과 흥미를 높일 수 있는 재밌는 수업을 만들 수 있을까 많이 고민했습니다.
또한 온종일 아이들과 한시도 떨어지지 못하고 뒷바라지를 하시는 부모님들, 직장에 나가야 하는데 집에 혼자 있을 아이가 걱정되어 애가 타는 부모님들이 많다는 소식을 들을 때마다 너무 안타까워서 우리 모두를 위해 어서 등교 개학이 이루어졌으면 좋겠다고 생각했어요.

김선미　한 번도 경험해 보지 못했던 일을 겪게 되면서 학교도 교사도 그리고 학부모로서도 혼란의 시간이었던 것 같아요. 우선 언제 끝날지를 가늠할 수 없으니 수십 년간 준비되고 행해지던 많은 학교 행사와 활동들을 취소해야 하는지 진행해야 하는지 선택의 연속이었습니다.

학교라는 공간이 지식 전달 그 이상의 가치를 공유하는 공간이란 것을 다시금 느끼게 된 시간이었어요. 우리 아이가 한 번은 온라인 줌 수업에서 선생님이 자신의 이름을 불러주며 칭찬해 주셨다고 기뻐하더라고요. 그런 아이의 모습을 보며 이름을 불러주는 작은 행동, 칭찬해 주시는 선생님의 관심이 아이를 행복하게 만들고 학교와 세상에 대해 긍정적인 자세를 가질 수 있게 한다는 것을 알게 되었습니다. 수년 전부터 '학교는 죽었다'는 무용론이 나오기도 했는데, 코로나19로 인해 등교를 줄이고 비대면 수업을 하게 되면서 오히려 학교 공간이 얼마나 소중한 곳인지 알게 된 것 같아요. 교육이라는 것은 단순한 지식 전달을 넘어서 인간과 인간의 접촉, 교류에 있음을 다시금 깨닫게 된 시간이었습니다.

최대철　개인적으로는 학교마다 온라인 수업의 플랫폼이 다르고 그 사용 방법을 익혀서 수업을 진행하고, 아이들을 참여시켜야 하는 과정이 힘들기는 했어요. 그 과정을 지나 안정될 때쯤에는 아이의 학습에 대한 무력감에 불안했습니다. 우리 학교는 실시간 온라인 수업을 전 교과에 시행하면서 조금 나아지긴 했어요. 그런데 수업의 형태가 바뀌면 콘텐츠도 뒷받침되어야 하는데, 그렇지 못해서 조금 아쉬움이 남긴 하더라고요. 이런 과정을 집에서 오롯이 지켜보셨을 부모님들은 굉장히 힘드셨을 것 같아요.

아이에 대한 이해는 부모님의 안정감에서 나오는데, 그게 불가능했던 한 해였던 것 같습니다.

편집자　3일에 걸쳐서 어머니들의 고민 톡을 받았는데, 학생의 나이대와 상관없이 고민의 본질은 똑같았어요. 초, 중, 고등학생의 모든 부모님들은 왜 다들 비슷한 고민을 하는 걸까요?

김선미　아마도 학교라는 같은 시스템 안에서 교육을 하고 있기 때문이 아닐까 싶네요.

최대철　근본적으로는 학부모들 자신도 많이 불안했기 때문이 아닐까 싶어요. 끝 모를 코로나 시기에 우리 아이만 뒤처져있다는 느낌이 매일 바라보는 아이의 무기력한 모습에 투영되어서 부모님들도 아주 불안하셨을 것 같아요.

김은영　대부분의 부모님은 우리 아이가 자라서 자신감을 가지고 당당하게 세상을 살아나가는 어른이 되기를 바랄 거예요. 그래서 우리 아이가 늘 부지런하게 생활하고, 예의도 바르고 공부도 알아서 열심히 했으면 좋겠는데 대부분의 아이는 그렇지 않죠. 아이들은 흥미 있는 일이 아니면 정말 하기 싫어하고 학교 선생님들은 아이들의 그런 모습을 보는 것에 익숙하죠. 그런데 부모님들은 온라인 개학 후에야 아이들의 평소 생활 모습을 오랜 시간 마주하게 되면서 충격을 받으신 것 같아요. 그리고 학교에 가는 날이 줄어들면서 생활 습관이 흐트러진 아이들이 늘어났는데 부모님들이 기대했던 아이의 모습과 실제 모습 간의 차이가 커서 많은 분들의 고민이 시작된 것 같습니다.

편집자　교육은 미래의 어른과 지금의 어른이 함께하는 복잡하고 전문적인 분야라고 생각하는데, 코로나 덕분(?)에 이제는 교육을 학교나 학원에만 미룰 수 없는 모든 어른의 공통 과제가 되었다고 생각합니다. 짧은 지면이지만 깊은 이야기를 나누게 될 것 같아요. 대화에 들어가기 전에 먼저 선생님들의 마음은 어떠신지 들려주세요.

김선미　그동안 고민했던 부분들을 초등학교 입장과 중학교 입장에서 들을 수 있을 것 같아 기대됩니다. 특히 저도 초등학생 학부모이기 때문에 김은영 선생님의 말씀이 가장 궁금하네요.^^ 학부모님들의 걱정을 조금이라도 덜어드릴 수 있으면 좋겠다는 생각도 듭니다.

김은영　저도 다른 선생님들과 함께 앞으로의 교육 방안에 관해 이야기 나누게 된 것이 너무 기대되고, 이 대화가 많은 분들에게 도움이 될 수 있었으면 좋겠다는 생각이 듭니다.

최대철　저는 꼭 학습 방법에만 한정해서 이야기하지 않고 좀 더 다양한 관점으로 실제 현장에서 느꼈던 이야기들을 풀어내고 싶어요. 학교라는 곳도 점점 변화하는 중이어서 모든 학생이 당당한 성인이 되어갈 수 있도록 도와주는 게 학교와 모든 어른의 공통 과제인 것 같습니다.

편집자　저도 어른이지만 아이들의 교육에 대해 제 자신도 정립된 게 없다는 생각을 많이 했어요. 고가의 과외나 많은 학원을 보내는 게 효과적인 교육이라고 생각했는데, 아이들과 24시간 함께 지내면서 잘못된 생각임을 알게 되었죠. 수십 개의 톡을 보내주신 어머니들과 함께 저 또한 세 분의 선생님께 하나도 숨기지 않고, 부딪쳐 가면서 배우고 사색하겠습니다. 잘 부탁드립니다!

김선미　네! 즐겁게 이야기 나누었으면 좋겠습니다.

김은영   네! 저도 잘 부탁드리겠습니다.

최대철   네! 유익한 시간이 되었으면 좋겠습니다.

1부

엄마 마음,
클릭하기

토크Talk

클릭click

"아이의 중2병과 코로나가 동시에 왔어요."

중3 아이를 키우는 엄마예요.

중1 성적이 평균 97점 이상, 최상위였어요.

중2 새 학기와 함께 코로나를 만났는데요.

이렇게 1년이라는 시간을 허무하게 보낼 줄은 예상을 못 했어요. 코로나 유행과 동시에 제 아이에게 중2병이 올 줄도 상상을 못 했죠. 온라인 수업이라는 기가 막힌 상황에서 우리 아이는 컴퓨터와 핸드폰 중독에 빠졌어요. 온종일 핸드폰만 만지고 공부에 관심이 없어졌습니다. 그래도 공부에 욕심이 많아서 성적은 상위권을 유지했는데 점점 벼락치기로 시험을 준비하더니 중위권으로 떨어졌습니다.

내 아이가 코로나를 만나더니 목표만 높고 공부는 1도 안 하는 아이로 변했어요. 어쩌면 좋을까요? 온라인 수업이 너무 원망스러워요. 앞으로의 학교생활이 벌써 걱정입니다. 해결책은 없을까요?

김선미   (위로)

김은영   (조언)

최대철   (공감)

똥멍청이가 되었어요

편집자 아이의 중2 시기를 지켜보는 것도 힘든데, 코로나 유행으로 등교 수업이 중단되면서 아이와 엄마가 한집에 붙어 있어야 하는 상황이 된 거죠.

최대철 보통 자유학기제 시기에는 점수를 매기지 않아요. 처음에 97점 이상이라고 하셨는데 아마 학원 시험 점수 또는 학교 수행평가 점수가 아닐까 싶습니다. 학업 성취도가 높은 상위권 학생이 중2병을 만난 상황이네요. 어쩔 수 없는 상황이지만, 상심이 크셨을 것 같습니다.

코로나로 인해 아이들이 온라인 수업을 하면서 학력 격차가 심해진 건 사실입니다. 교실이라는 특정 공간에서 수업을 듣는 것과 아이가 혼자 책상에 앉아 핸드폰으로 6교시까지 수업을 시청하는 건 결과적으로 차이가 있어요. 학교에서는 학생이 졸면 옆에 있는 선생님이 깨워주는데, 온라인 수업에서는 혼자 졸고 나면 모든 수업이 끝날 수도 있어요. 스스로 학습 관리가 잘 되는 아이들은 온라인 수업이 어려워도 잘 버티지만, 수동적인 아이들은 너무 쉽게 무너지는 경우가 많은데요. 결과적으로 중위권 학생들 중 50퍼센트 이상이 하위권으로 처지는 현상이 일어나고 있습니다.

"아이들의 행동 중에 이유가 없는 행동은 없어요."

그리고 저는 개인적으로 중2병에 대한 관점이 조금 다릅니다. 아이들의 행동 중에 이유가 없는 행동은 없어요. 아주 사소한 이유라도 분명히 시작점이 있더라고요. 부모님, 담임선생님, 교과 선생님까지 고리를 연결해서 학생을 지도하는 게 어른들 입장에서 어려울 뿐입니다. 중2는 신체적인 변화와 정신적인 변화를 피할 수 없는 시기예요. 이때 어른들이 해야 할 최소한의 역할이 있죠. 학생을 둘러싼 어른들이 그 역할을 피하지 않고 조금이라도 해 줄 때 아이들이 조금씩 안정되는 걸 여러 번 봤습니다. 물론 제일 중요한 건 일단 아이를 인정해 주는 거예요. 그다음은 기다려 주는 거고요. 아무리 거친 아이들도 따로 불러서 대화를 나눠보면 아이들도 잘못한 게 뭔지 알고, 사과도 할 줄 압니다.

중2 시기에는 선생님과 학부모님이 학생을 다각도로 관찰해서 서로 교류하는 것이 중요하다고 생각합니다. 아이는 분명히 장소에 따라서 다른 모습을 하고 있을 거예요.

또한 학부모님들은 중학생의 수업 집중 시간이 20분이 채 넘지 않는다는 사실을 꼭 기억하시면 좋겠습니다. 그런 학생들이 여섯 시간 동안 핸드폰 화면만 바라보고 있어야 한다는 게 얼마나 힘들겠어요.

김은영　저도 학창 시절에 벼락치기를 종종 했어요. 학년이 낮을수록 공부가 어렵지 않으니까 아이들 누구라도 벼락치기를 하는 습관이

생길 수 있어요. 서는 시험이 임박하면 조인석인 십중력이 생기더라고요. 그렇게 벼락치기를 했는데 생각보다 성적이 잘 나왔어요. 저처럼 벼락치기 성공 경험이 쌓인 아이들은 다음에도 시험 직전에 공부해야지 하고 미루는 습관이 생길 수 있어요. 그리고 사실 벼락치기를 자주 하는 아이들은 좋은 성적을 받고 싶은 마음이 다른 아이들보다 더 클 수도 있어요. 완벽하게 해내고 싶은데 지금은 집중이 잘 안 되니, 계속 미루는 거죠. 그런데 학년이 올라가면서 교과 내용이 어려워지면 더 이상 벼락치기로는 성적을 잘 내기 어려워요. 특히 암기 과목은 몰라도 수학 같은 과목은 벼락치기가 통하지 않아요.

"자신이 믿었던 벼락치기 성공 경험이 실패로 바뀌게 되면 자존감이 떨어지기 시작해요."

자신의 성공 경험을 믿었는데 그 경험이 실패로 바뀌게 되면 그때부터는 아이들의 자존감이 떨어지기 시작해요. 자존감 저하는 무기력증으로 이어지고요. 그래서 아이들이 평소에 꾸준히 공부하기 위해서는 자신에게 맞는 학습 계획을 세우는 것이 아주 중요해요. 어린학생들이 계획을 처음 세울 때는 많은 어려움을 겪을 수 있기 때문에 교사나 부모님이 적절한 도움을 주어야 해요.
아이에게 부족하다고 생각되는 부분을 학원이나 과외로 채우기보다는 실제로 우리 아이가 어떤 걸 잘하고, 어떤 게 부족한지 정확하게 파악한 후에 아이가 스스로 학습 계획을 세워서 매일매일 정해진 분량만큼 공부해낼 수 있도록 도와주셔야 합니다.

편집자 공부 계획을 그냥 세우는 것과 자기 실력에 맞게 세우는 건 어떻게 다른가요?

김은영 공부 계획은 여러 과목을 골고루 꾸준히 공부하되 현재 자신

똥멍청이가 되었어요

에게 부족한 부분을 채워나가는 식으로 세우는 것이 효과적이에요. 예를 들어 학교 진도에 맞게 스스로 복습하는 공부 계획을 세웠을 때 단순하게 국어 한 시간, 수학 한 시간 이렇게 계획을 세우는 것이 아니라, 이해가 쉽게 되었던 국어 시간 내용은 빠르게 한번 훑어보는 것으로 끝내고, 문제를 많이 틀리고 어렵게 느껴졌던 수학 시간 내용은 국어보다 더 많은 시간을 할애하여 완전히 이해할 수 있도록 공부 계획을 세우는 거죠. 그래야 더 효율적으로 학업 성취도를 높일 수 있습니다.

그리고 아이마다 집중할 수 있는 시간 차이가 큰데 자신의 집중력을 고려하지 않고 무턱대고 긴 시간 공부 계획을 세우면 실패하게 될 확률이 높아요. 따라서 자신의 공부 습관 및 능력을 고려하여 적절한 분량으로 계획을 세워야 합니다.

편집자 아이와 함께 공부 계획을 세우는 건 어떻게 하는 건가요?

김은영 우선 부모님과 아이가 직접 대화하면서 부족한 부분을 찾아 내는 것이 가장 중요하다고 생각해요. 학생마다 어려움을 느끼는 과 목과 학습 내용이 다 달라요. 그러니 아이와 함께 교과서나 문제집 을 살펴보면서 어느 부분이 이해가 되지 않고 보충이 필요한지 분석 해 보셨으면 좋겠어요. 그리고 부족한 부분을 찾아내면 보충할 수 있는 기간을 정해서 공부 계획을 세웁니다. 일정 기간 동안 계획한 대로 공부를 하고 나면 자체적으로 평가를 해봅니다. 평가 결과를 확인해서 추후 공부 계획을 수정하고 보완하는 게 필요해요. 이 질문 속의 학생은 고등학생이 아니라 아직 중학생이니까 기초를 닦을 수 있는 시간이 충분히 있어요. 어렵게 느껴지는 과목들을 기초부터 탄탄히 다지고 고등학교에 진학하면 훨씬 더 잘할 수 있을 것 같아요.

편집자 부모님이 아이의 부족한 부분을 살피려면 그 과목에 대한 이해가 필요한 거 아닌가요? 그럼 부모님도 아이의 책을 갖고 공부를 해야 하나요?

특히 요즘 학생들은 보통 학원에서 이런 도움들을 받는데요. 학원에서도 제대로 안돼서 성적이 안 나오는 아이를 부모님이 잡아주는 게 가능한지 궁금합니다.

김은영 일단은 부모님도 아이의 공부를 조금은 함께할 필요가 있다고 생각해요. 왜냐하면 아이가 뭘 배우는지 모르면서 "왜 성적이 안 나오니?"라고 반복적으로 묻는다면 아이는 마음의 문을 닫을 수도 있어요.

일단 교과서의 목차를 살펴보세요. 그럼 지금 어떤 걸 배우는지 대강 알 수 있어요. 목차를 아는 상태에서 아이와 대화하는 것과 과목의 흐름이 어떻게 되는지도 모르는 상태에서 대화하는 건 분명히 차이가 있어요.

그리고 아이가 어려움을 느끼는 부분이 있다면 단체 수업을 하는 학원보다는, 부족한 부분만 확실히 잡을 수 있는 과외가 더 효과적이라고 생각해요. 물론 학원이 좋을지 과외가 좋을지도 아이와 소통하는 게 중요하죠. 과외 수업을 하게 된다면 아이가 잘 못하는 부분을 집중적으로 가르쳐줄 수 있도록 미리 부모님이 선생님과 소통하는 것이 필요해요.

편집자　선생님도 학창 시절에 과외를 받은 적이 있나요?

김은영　제가 수학을 어려워해서 부모님이 짧은 기간 동안 비싼 과외를 시켜주셨는데 성적이 전혀 안 올랐어요. 그 당시 선생님은 본인 능력에 대한 자부심이 커서 '내가 이렇게 설명하면 애가 이해하겠지.'라는 생각이었던 거 같아요. 되돌아보면 그 선생님은 제가 어디에서부터 막혀 있는지도 몰랐던 것 같아요. 지금 어머니의 편지 속에 등장하는 우리 학생에게는 막혀 있는 게 뭔지 구체적으로 함께 점검해 주고 계획을 잡아줄 수 있는 사람이 필요한 것 같아요.

김선미　저는 이 어머니께 위로를 드리고 싶어요. 저도 마음이 아프네요. 이렇게 잘하는 아이가 코로나 때문에 무너지고, 그걸 지켜보는 어머니는 얼마나 마음이 아프실까요. 앞에서 말씀해 주신 최 선생님과 똑같이 저도 아이의 중2병은 코로나 말고 다른 원인이 있을 거라고 생각해요.

"모든 원인을 코로나로 돌리면 해결책은 없어요."

모든 원인을 코로나로 돌리면 해결책은 없어요. 과연 코로나가 사라지면 우리 아이는 중1 최상위권 아이로 돌아오느냐? 그건 아니거든요.
저는 어머니들께 솔직하게 말씀드리고 싶어요. 우리 아이가 학교에 가면 초롱초롱한 눈빛으로 수업을 들을 것 같잖아요? 사실은 그렇지 않아요. 한 반에서 집중한 자세로 수업을 듣는 아이는 손에 꼽히죠. 부모님이라면 누구나 자신의 아이에게 환상을 가지고 있는 것 같아요.

편집자　그럼 아이들에 대한 기대를 조금 낮추면 부모님들이 덜 괴로울까요? 선생님은 수많은 학생들을 보기 때문에 그게 가능하겠지만 내 아이만 바라보는 부모는 현실을 인정하는 게 쉽지 않을 거 같아요.

김선미　저는 약간 기대를 낮추라고 말씀드리고 싶어요. 실시간 줌 수

　　　　　　　　　　　　　　똥멍청이가 되었어요

입이 아닌 온라인 수업인데 누워서 수업을 받으면 어때요? 발로 키보드를 쳐가며 수업을 들으면 어때요? 잠깐이잖아요. 허락해 주세요. 학교에서 학생들을 보니 어떤 학생은 수업을 몰아서 듣기도 하고, 자기 주도가 되는 학생들은 자기 계획에 맞춰서 온라인 수업을 수강하더라고요.

아이가 오전 10시까지 자고 있으면 많이 걱정되겠지만 오후에 집중해서 공부하는 아이일 수도 있어요. 어른들 머릿속에 그려진 그림처럼 정확한 시간에 준비해서 허리를 곧게 펴고 책상에 앉아서 집중하지 않더라도 너무 걱정하지 마세요.

올해는 출결 기준이 어떻게 내려올지 모르겠지만, 작년엔 당일 수강을 원칙으로 하되 일주일간 기회를 주었습니다. 일주일간 그 수업을 수강하지 않으면 미인정 결과 처리를 했죠. 다시 말해 일주일이라는 시간적 여유를 주었습니다. 학부모님도 조금은 여유를 가져보면 어떨까 해요.

편집자 선생님, 만약 이 아이가 등교해서 정상적인 학교 수업을 받았다면 결과가 조금 다르지 않았을까요?

김선미 선생님에게 칭찬을 받으면 더욱 잘하는 아이들이 있어요. 이 학생이 그런 경우일 수도 있죠. 정확한 피드백을 받지 못해서 힘들어하는 것일지도 모릅니다. 그렇다면 더더욱 가정에서 잘하고 있다는 격려와 칭찬을 해 주면 좋지 않을까요?

"한 학생은 온라인 수업을 하면서 훨씬 성적이 향상되었어요."

그런데 한 가지 더 말씀드리면, 코로나 때문에 모든 학생이 학습 피해를 본 건 아니에요. 우리 학교의 한 학생은 온라인 수업을 하면서 학년이 시작될 때보다 훨씬 성적이 향상되었어요. 그 학생은 자기 공부

똥멍청이가 되었어요

시간이 늘어나서 온라인 수업이 무척 좋대요. 학교에 오면 자신이 원하지 않아도 친구 관계를 맺어야 하고, 조별 과제를 해야 하는데, 온라인 수업에서는 내 공부만 하면 되니까 좋다고 하더라고요.

이런 경우도 있었어요. 우리 학교의 온라인 수업은 실시간이 아니라 수업 콘텐츠를 올려놓는 방식이었는데, "선생님, 제가 강의만 열 번 넘게 반복하면서 공부했어요."라며 질문까지 갖고 왔어요. 코로나로 인한 온라인 수업 시스템이 절호의 찬스였던 거죠. 이렇게 학업에서

두각을 드러내지 않았던 학생이 우수한 성적을 받게 된 경우도 있습니다.

편집자 코로나로 인한 온라인 수업 전환이 누군가에게는 절망이 되고, 누군가에게는 기회가 되었네요. 최대철 선생님은 반항기에 접어든 중학생들을 대하는 노하우 같은 게 있을까요?

최대철 다루기 힘든 아이들을 불러 놓고 이야기해 보면 다들 나름의 이유가 있더라고요. 제가 직접 해결해 줄 수 없으니 일단은 서로 거리를 두죠. 학교에서 해야 할 것과 하지 말아야 할 것만 구분해 주는 정도예요. 아이를 끊임없이 관찰하고 조언하려고 하면 서로 더 불편해질 수 있어요. 아이들이 기본적으로 가진 기질을 바꿀 순 없어요. 저는 1학기 때에는 아이들과 깊은 대화를 하지 않아요. 지켜보다가 2학기 때 개별적인 이야기들을 꺼내는 편이죠.
"1학기 때 내가 지켜봤더니 이런 게 있었어. 이유는 뭐였니?"라고 물으면 아이들이 설명해요.
"그랬구나. 선생님도 이제 오해하지 않을게." 이 정도의 관계를 유지하죠.

김선미 최 선생님의 거리 두기에 정말 공감해요. 누구도 아이의 인생을 대신 살아주고 책임질 수 없어요. "너는 몇 시부터 몇 시까지 이거를 해." 이런 참견 자체가 어떻게 보면 폭력이 아닐까 하는 생각이 들 때가 있죠. 사랑이라는 이름으로 억압하고 조여 놓는 거죠.

"조언보다는 일정한 거리 두기가 필요한 것 같습니다"

이 편지 속 어머니도 예전에는 거리 두기 시간이 분명히 있었어요. 학생이 등교를 하고, 하교 후 학원까지 마치고 오면 어머니와 한 두 시간 정도 함께 보내지 않았을까요? 그 시간에 칭찬도 해 주셨을 거고 학교생활이나 개인적인 것들에 관심도 보였을 겁니다. 그러고는 각자 방에서 자유로운 시간을 보낸 거죠. 그런데 온라인 수업 전환으로 인해 24시간 동안 함께 있게 되면서 일정한 거리 두기가 불가능해진 것은 아닐까 추측해 봅니다.

어머니는 이 학생과 거리 두기 시간이 필요한 것 같아요. 많이 걱정되니까 들여다보게 되고, 조언도 하고 싶겠지만 지금 학생에게는 일정한 거리 두기가 필요한 것 같습니다.

김은영 저는 제 동생과의 관계에서 이걸 많이 느꼈어요. 동생이 중등 임용고시를 3년 정도 준비했는데, 동생을 바라보는 제 마음이 엄마 마음이었던 것 같아요. 뭘 공부하는지 정확히 모르면서 계속 잘했으면 좋겠더라고요. 동생이 고생하는 모습을 보는 것이 마음 아픈 만큼 반드시 좋은 결과가 나오기를 바랐어요. 동생이 공부하고 있으면 안심이 되는데 TV를 보거나 쉬고 있으면 제 마음이 너무 불편한 거예요. 한 번은 제가 심한 말을 해서 동생이 상처를 받은 적이 있어요.

"너 어떻게 합격할래? 이렇게 해서 합격할 수 있을 것 같아?"

제 태도에 크게 상처받은 동생은 더 이상 언니와 함께 살고 싶지 않다고 했어요.

"일정한 거리 두기는 상대방의 자존감을 지켜주는 방법이에요."

이 일이 있고 난 뒤로는 제가 동생에게 거리 두기를 했어요. 그냥 믿어주었죠. 동생이 가끔 힘들어서 저한테 말을 걸면 "정말 많이 힘들겠다."라고 공감해 주었어요. "그런데 정확히 어떤 부분이 막히니?"라고 질문했고 그 답을 찾기 위해 같이 고민했죠. 이 정도의 조언만 하면서 계속 격려하고 믿어주었던 것 같아요. 일정한 거리 두기는 상대방의 자존감을 지켜주는 하나의 방법인 것 같아요. 기다려주면 본인이 조언이나 지지가 필요한 순간에 먼저 다가오더라고요. 바로 그때 진심으로 받아주는 거죠.

편집자 최대철 선생님은 중학생 자녀가 있으시잖아요. 아버지로서 어

떻게 거리 두기 하세요?

최대철 어머니의 마음속에 뭔가 해소가 안 되는 불편함이 있으면 그게 아이들에게 투영되는 것 같아요. 저희 애는 게임을 하다가 새벽 3시, 4시에 자요. 저는 거실에서 TV를 보면서 아이가 잠들기를 기다리죠. 제가 새벽 3시쯤에 잠자리에 들 때
"이제 정리하고 잘래? 아니면 더 할래?" 그러면 아이가 말을 안 해요. '더 하겠다는 거구나.' 이렇게 생각하고 그냥 둬요. 이렇게 놔두면 마

음이 하나도 안 불편해요. 제 마음이 '얘가 왜 이러지?' 이런 게 아니라, '그래. 지금 이때에나 하는 거지, 다시 등교하면 못하는 건데 뭐. 지금만 누릴 수 있는 거니 실컷 해라.' 이런 마음이에요. 그런데 아내 입장은 달라요. 사실 아내가 집을 비우면 아이들과 각자 방에 흩어져서 평화로운 시간을 보냅니다.^^

우리 사회가 어머니들을 힘들게 하는 것 같아요.

"자녀 학습은 다그침보다 기다림이 필요한 것 같아요."

"옆집 애는 뭐 하고, 얘는 뭐 하는데, 너 이러고 있으면 되니? 게임만 하면 되니?"

그런데 다시 생각해 보면 인생은 길고, 아이들이 1~2년 조금 쉬더라도 할 때 되면 하더라고요. 아이들을 다그쳐서 되는 문제라면 아마 모든 학생이 서울대에 입학했겠죠. 학습은 아이를 다그쳐서 해결되는 문제가 아니라고 생각해요. 오히려 기다림이 필요한 것 같습니다.

어머니들께 드리고 싶은 말씀이 있어요. 아이들이 중학교 시절만이라도 행복하고 편안하면 좋겠어요. 어차피 고등학교에 진학하면 전력 질주 달리기가 시작되니까요. 어머니가 아이에 대해 조금만 거리를 두고 참아주시면 아이는 정말 행복해질 수 있어요.

똥멍청이가 되었어요

편집자　어른들이 그게 어려운 이유는 자신이 경험했기 때문인 것 같아요.

'내가 학창 시절에 조금만 더 열심히 공부했다면 지금 더 편안한 삶을 영위하지 않았을까?'

최대철　그렇게 생각하실 수도 있어요. 그런데 어른으로서 느끼는 삶의 고단함은 사회 시스템을 바꾸는 노력부터 하는 게 중요하다고 생각해요. 우리 애가 나와 같은 경험을 하지 않기를 바라는 마음으로 아이를 쥐고 흔들어서 경쟁 대열의 앞줄에 세우려고 하는 건 근본적인 해결이 아닌 것 같습니다.

"친구들과 어울리지 않아요."

저희 딸은요.
움직이는 걸 싫어해서 온라인 수업 시간만 빼고, 자기 방에서 거의 핸드폰만 만지면서 생활합니다. 친구들과 잘 어울리지도 않고 집 안에만 있으려고 해서 걱정입니다.

김선미 😔 (공감)

김은영 😔 (공감)

최대철 😳 (조언)

편집자   초등학생, 중학생 어머니들이 이 질문을 정말 많이 보내주셨어요.

김선미   저희 첫째 딸이 이래요. 규칙을 엄청나게 잘 지키는 아이거든요. 뉴스에서 코로나에 걸리지 않으려면 밖에 나가면 안 된다고 했는데 왜 엄마는 자기더러 마트에 같이 가자고 하냐며 마트에 가는 것조차 곤란해하더라고요. 그런데 둘째는 전혀 상관 안 해요. 친구와 놀이터에 나가서 놀더라고요. 이처럼 친구랑 노는 걸 좋아하고 안 좋아하고는 기질적인 문제인 것 같아요. 온라인 수업을 하면서 아이가 보이는 태도에 힘드시겠지만, 다시 등교 수업이 재개되었을 때 아이가 잘 등교했다면 별문제는 없어 보여요. 온라인 수업 기간에는 집 안에서 핸드폰만 잡고 있지만, 등교 수업 때에는 아무렇지 않게 등교하는 건 아이가 자신에 맞추어 편하게 생활하는 모습 같아요.

김은영 선생님 말씀대로 기질적인 원인도 있어요. 평소 친구들과 어울리는 걸 불편해하고 힘들어하는 친구들이 있는데 이 학생들은 보통 자신의 감정이나 생각을 상대에게 표현하는 걸 많이 힘들어해요. 이런 경우에는 가정에서 부모님과 편한 대화를 많이 나누는 게 중요한 것 같아요. 또 어떤 학생은 밖에서는 조용한데 집에서는 말을 너무 잘한대요. 타인에게는 자기 생각을 표현하는 게 불편한데 집에 오면 마음이 편안해져서 엄청난 수다쟁이가 된대요. 이런 친구들은 딱 한두 명의 아이들만 집으로 초대해서 소수 인원으로 놀게 하는 것이 좋아요. 소수의 그룹 속에서 소통하는 법을 배우면서 조금씩 수를 늘려나가는 것이 좋습니다. 저는 아이들 그룹이 반드시 클 필요는 없다고 생각해요. 단 한두 명이라도 소통이 잘 되는 친구가 있다면 아주 좋다고 생각합니다.

편집자   학생 입장에서는 부모님과 대화하는 게 불편하지 않을까요?

김은영   제 사춘기 시절을 떠올리면 부모님과 대화 나누는 게 불편했던 것 같아요. 무슨 이야기를 꺼내면 결국 공부 이야기로 끝났죠. 재미있는 이야기를 꺼내도 또 공부 이야기로 끝나요. 제가 부모님의 신경을 건드리는 것 같고, 저에 대한 염려 때문인지 부모님도 제 이야기를 온전하게 듣기보다는 방어적인 태도로 대하는 것 같았어요. 그럴 때면 '이제 엄마, 아빠랑 이야기하지 말아야지.'라고 저의 마음이 닫히는 걸 느꼈어요.

"'너의 기분은 그랬구나.'라고 편하고 가볍게 넘어가 주세요."

어른이 되어서 이해한 건, 부모님은 아이를 훌륭하게 키우고 싶은 마음에 자꾸 교육적인 조언을 하는 것 같아요. 그런데 아이들 입장에서는 이게 편하지 않죠. 친구와 온라인으로 대화하고, 혼자 재미있는 글을 읽는 게 제일 편할 거예요.
아이가 무슨 이야기를 할 때, 정말 큰 문제가 있는 게 아니면 그냥 받아주셨으면 좋겠어요.

           똥멍청이가 되었어요

"그런 일이 있었구나."

"너의 기분은 그랬구나."

그냥 이렇게 편하고 가볍게 넘어가 주시면 아이들이 더 편한 마음으로 부모님과 대화할 수 있을 것 같아요.

최대철 제 생각도 똑같아요. 아이가 예전과 아예 다른 패턴의 행동을 보이면 걱정하는 게 맞아요. 사실 온라인 수업을 하면서 학교 폭력 등의 문제는 많이 줄었어요. 학생들 입장에서는 친구랑 억지로 어울리지 않아도 되니 편한 것도 많을 거예요. 혹시 많이 염려되시면 아이가 자는 시간에 친구들과 주고받은 메시지나 톡을 확인하는 것도 하나의 방법이에요.

"아이의 과목 편식이 심해졌어요."

초3 도윤이는 수학, 과학을 좋아해요.

그런데 국어와 사회는 할 생각을 안 해요. 진짜 심해요.

그나마 학교에 다니면 단원평가라도 보니까 옆에서 시키면 조금이라도 하는데, 집에만 있으니 싫어하는 과목은 쳐다보지도 않습니다. 이렇게 학습 편식이 심해지는 걸 어떻게 해결해야 하나요?

_초3 맘

김선미 　(조언)

김은영 　(위로)

최대철 　(조언)

편집자 　저는 개인적으로 이 어머니의 톡을 봤을 때 부러웠어요. 저희 아이는 도윤이와 동갑인데, 좋아하는 과목이 뚜렷하지 않은 것 같아요.

김은영 도윤이 어머니는 큰 걱정을 하고 계시지만 사실 너무 걱정하지 않아도 될 것 같아요. 수학과 과학은 점점 더 어려워지는 과목이어서 많은 학생이 갈수록 흥미를 잃고 힘들어하는 경우가 많은데 그 두 과목을 좋아한다니 정말 다행이에요.

과학은 관련된 책을 찾아 읽으면서 흥미를 느끼는 학생들이 많기 때문에 과학을 좋아한다는 건 문해력도 좋을 확률이 높아요. 수학과 과학은 문제를 잘 읽고 이해하는 문해력도 꼭 필요한 과목이기 때문에 두 과목의 문제를 자주 풀고 연습한다면, 문해력도 꾸준히 늘고 있을 거라서 큰 염려는 안 하셔도 될 것 같아요.

도윤이가 다른 과목에도 눈을 돌리도록 하고 싶다면 부모님이 다른 방법을 활용해 보는 건 어떨까요? 제가 학교에서 지켜보면 우리 학생들은 부모님과 여행을 다녀오면 수업 시간에 그 이야기를 많이 해요. 보통 아이들은 자신의 경험에 관해 이야기하는 것을 좋아하거든요. 그러니 국어나 사회 교과에 나오는 유적지들을 여행한 후에 관련 책을 소개하거나 이야기를 들려주어 학생이 흥미를 느낄 수 있도록 도와주는 것도 좋은 방법인 것 같아요.

김선미 저는 도윤이가 훌륭하다고 생각해요. 고등학생이 되면 좋아하는 과목이 반드시 있어야 하거든요.

학생들이 제일 많이 하는 고민은 "제가 뭘 좋아하는지 모르겠어요."

오히려 학생들이 제일 많이 하는 고민이 "제가 뭘 좋아하는지 모르겠어요."입니다. 차라리 "저는 수학만 좋아해요.", "저는 과학만 좋아해요."라고 한다면 안심이죠. 자신이 무엇을 좋아하는지 알고 거기에 흥미를 느끼면서 그걸 집중적으로 공부한다면 진로 진학이 명확해져서 훨씬 좋아요.

초등학생 부모님 입장에서는 골고루 잘했으면 좋겠다고 고민이 될 수도 있지만, 고등학생 입장에서는 "저는 이거 하나가 너무 좋아요."라고 할 수 있는 게 있으면 좋겠어요.

편집자　대학에 진학할 때에는 고루고루 잘하는 것과 특정 과목만 잘하는 것 중에 뭐가 더 유리한가요? 이 어머니도 혹시 이걸 고민하시는 거 아닐까요?

김선미　수시전형을 예로 들면 수학을 좋아하는 학생이 수학 경시대회에 참가하고, 국어 수업에서도 문학작품을 수학적 풀이 방식으로 해석하고, 수학 동아리를 만들어서 활동한다면 확실히 유리하죠. 한 가지를 깊이 좋아하는 학생들이 할 수 있는 다양한 활동들이 있어요. 대입 전형에서 분명히 유리한 측면이 있다고 생각합니다.

편집자 김선미 선생님은 초등학생 자녀들을 키우시는데요, 선생님의 자녀들은 어떤가요?

김선미 둘째 아이는 패션에 관심이 많아요. 유튜브를 볼 때도 매니큐어, 화장, 의상 등 패션과 관련된 것을 보더라고요. 저는 아이가 관심 있어 하고 좋아하는 것이 분명하게 있다는 것이 좋습니다. 그런 유튜브를 찾아보는 아이를 바라보며 '너는 아름다운 걸 구분하는 안목이 있나 보다.'라고 생각했어요. 사회적 거리 두기가 완화되면 아이를 데리고 현대미술관에 가보려고요. 지금은 아이들이 자신이 좋아하는 게 뭔지 탐색하는 중요한 시기라고 생각해요.

최대철 어머니의 고민을 보면 답은 정해져 있어요. 수학을 좋아한다면 스토리텔링 수학 문제집을 풀게 해 주세요. 그럼 독서나 국어를 싫어하는 문제는 어느 정도 해결될 것 같아요. 불안해하지 않으셔도 됩니다. 제 아이랑 공부를 하는데 아이가 '매점'이라는 단어를 몰라서 수학 문제를 못 풀더라고요. 아이와 함께 국어사전을 찾아보고, 인터넷을 검색하고, 그 단어와 관련된 영어 예문을 훑어보았어요.

편집자 이 톡방의 다른 어머니가 이런 질문을 올려 주셨어요.
"지윤이는 독서광입니다. 그런데 진짜 독서만 합니다. 관련 지식이 늘

거나 특정한 발달로 이어지지 않는 게 고민입니다." - 지윤 맘

김선미 선생님은 대학원에서 독서 교육을 연구하셨는데, 지윤이에 대해서 어떻게 생각하세요?

김선미　기본 독서량이 일정량에 도달해야 그 바탕 위에서 눈에 보이는 싹이 자라고 꽃이 핍니다.

"독서가 변화로 이어지려면 일정한 양에 도달해야 해요."

지윤 학생은 아마 지금 그 토대를 만드는 작업을 하는 거 같아요. 독서가 어떤 변화로 이어지려면 일정한 양에 도달해야 해요.
잠깐, 2021학년도 대학수학능력시험에 출제되었던 지문 중 일부분을 볼게요.

> 「예약에서 예약상의 급부나 본계약상의 급부가 이행되지 않는 문제가 생길 수 있는데, 예약의 유형에 따라 발생 문제의 양상이 다르다. 일반적으로 급부가 이행되지 않아 채권자에게 손해가 발생한 경우 채무자는 자신의 고의나 과실에서 비롯된 것이 아님을 증명하지 못하는 한 채무 불이행 책임을 진다.」
> - 2021학년도 대수능 홀수 [26~30] 지문

제가 일부분만 가지고 와서 글이 무척 어렵게 느껴지는데요. 이 글 앞에서 '급부', '채무', '예약상 권리자가 가지는 권리의 법적 성질' 등에 대한 개념은 제시되어 있습니다. 하지만 이 글을 이해하기 위해서는 한자어로 된 어휘의 뜻과 경제학적 용어로서의 개념, 그 개념 간의 관계로 만들어지는 문맥의 의미를 제대로 파악해야만 온전히 글을 이해할 수 있죠. 이러한 의미를 정확하게 파악하기 위해서는 풍부한 지식이 필요하고 그 지식은 다양한 독서로 길러집니다. 지윤이의 독서가 당장 어떤 성과로 눈에 보이진 않겠지만 차곡차곡 쌓여서 탄탄한 토대가 된다는 걸 믿고 기다려 주세요.

"학교에 왜 가야 하나요?"

코로나로 인해 아이가 가끔 등교하니까 학업에 대한 흥미는 떨어지고, 학교를 왜 가야 하는지 인식을 못 하고, 학교생활에 대한 책임감도 점점 없어집니다.

김선미 😊 (조언)

김은영 😊 (위로)

최대철 😊 (조언)

편집자　선생님, 학교는 왜 가야 하나요? 코로나 시대에 온라인 수업을 하다 보니까 제 주위 엄마들이 이 고민을 참 많이 하더라고요.

최대철　학교는 사회적인 약속 중의 하나인 것 같아요. 가끔 혼자 생각해요.

'학교가 없다면 학교 폭력도 없을 거고, 상처받는 아이들도 훨씬 줄

어들지 않을까?'

제가 나름대로 고민한 학교의 목적은 인성교육이에요. 인간으로서 지녀야 할 최소한의 기본, 존중, 배려 등을 배우는 곳이죠. 사실 학교는 무엇도 결정해 주지 않아요. 학생들과 학부모님들의 결정을 도와주는 보조적인 역할을 할 뿐이라고 생각해요.

"국어, 영어, 수학을 통해서 배워야 하는 건 삶의 태도예요."

국어, 영어, 수학을 통해서 배워야 하는 건 삶의 태도예요. 내 삶의 태도를 기르기 위해 필요한 공부죠. 이 과목들의 점수 자체가 학생이 학교에 다니는 목적이 되어서는 안된다고 생각해요. 점수에 묶이는 순간 점수 또는 등급에 의해 평가받고 그런 평가에 의해 학생들이 나뉘는 건 바람직하지 않다고 생각합니다.

우리가 사회에서 살아가려면 몸에 익혀야 하는 최소한의 규칙들이 있어요. 결코 혼자서는 습득할 수 없어요. 사람 속에서 배워야 합니다. 친구끼리의 대화 방법, 선생님과의 대화 방법, 학교 내에서의 의사결정 기구를 통해 민주적 시민 양성에 도움이 되는 게 학교가 오랜 기간 존재할 수 있는 이유라고 생각합니다.

김선미　저는 학교에 다니는 건 학생들의 권리라고 생각해요. 만약 누

군가 학교에 못 가게 한다면 학생들이 싸워서 얻어내야 할 중요한 권리라고 말하고 싶습니다. 교육은 정부 기관이나 부모 등의 윗세대가 아래 세대에게 주는 혜택이 아니에요. 미래 세대가 어른들에게서 쟁취해내야 하는 권리입니다. 학교 공부가 일부 계층이나 세대에게만 주어지는 건 위험한 일이에요. 누구나 보편적인 지식을 함께 공유하고 정보를 받을 권리가 있습니다. 그걸 침해당해서는 안 되죠.

"사람과 사람이 만나야만 배울 수 있는 것들이 분명히 있어요."

똥멍청이가 되었어요

수업 시간을 생각해 보면 저는 국어 과목을 가르치다 보니 학생들과 삶에 관한 대화를 많이 해요. 문학 작품을 읽고 슬펐던 이야기, 경험했던 이야기도 나누면서 서로 공감해요. 그런데 온라인 수업을 하면서 이런 걸 못하니까 좀 답답해요. 학생들에게 똑같은 이야기를 몇 년째 해도 반응이 매번 달라요. 온라인은 아이들의 눈을 보면서 공감하는 공간이 아니라 그냥 지식만 전달하는 수단인 것 같아요. 저도 절대적으로 오프라인 교실이 온라인 수업보다 더 다양한 지식을 전달할 수 있다고는 생각하지 않아요. 하지만 사람과 사람이 만나야 배울 수 있는 것들이 분명히 있어요. 그걸 배우기 위해서 학교에 가고, 선생님을 만나고, 친구들을 만나죠. 학교에서 선생님이나 친구들과 사이가 나빠질 수도 있지만 그런 경험을 통해서 자신을 돌아보고, 자신이 무엇을 좋아하는지 어떤 사람인지 알아갈 수 있어요. 학교는 앞으로 어떻게 살아야 할지 고민하고 배우는 기회의 공간이라고 생각합니다.

김은영　저도 예전에는 학교를 왜 다녀야 할까 고민했어요. 학교에서 배우는 게 많이 없는 것 같고 고등학교 검정고시를 봐서 원하는 진로로 빨리 나아가는 게 훨씬 효율적일 것 같다는 생각이 들었어요. 학교에 꾸준히 다니던 시기에도 이런 생각이 들었는데, 코로나 상황에 등교가 축소되다 보니 어머니도 학교의 역할에 대해 깊은 회의감이

든 것 같습니다. 무척 안타깝고 어머니의 마음이 이해도 됩니다.

"아이들이 학교에서 선생님과 친구를 만나고 그 안에서 생활하는 일체가 잠재적 교육과정입니다."

그런데 요즘은 생각이 좀 바뀌었어요. 학교에서 겪었던 인간관계나 갈등 상황, 고민들이 어른이 되었을 때 많은 도움이 된다는 생각이 들었어요. 타인의 마음에 공감하는 능력은 4차 산업 시대에 더욱 중요시되고 있어요. 지식만 쌓아서 할 수 있는 일들은 기계가 인간보다 더 잘 해내는 시대가 되었고 미래의 모든 산업이 인간의 마음을 읽고 그것을 잘 공략해야 성공할 수 있게끔 구조화되는 것 같아요. 인간에 대한 이해와 공감이 미래 산업의 핵심이라는 생각을 합니다.

인간에 대한 이해와 공감은 사람과 사람이 만나지 않으면 길러지지 않아요. 아이들이 학교에서 선생님과 친구를 만나고 그 안에서 생활하는 일체가 잠재적 교육과정입니다. 어른들이 사회에서 자주 겪게 되는 일들을 아이들은 학교라는 작은 사회에서 끊임없이 연습합니다. 나와 생각이 다른 사람들과 어떻게 하면 조화롭게 생활할 수 있는지, 문제 상황이 발생했을 때는 어떻게 해결하는 것이 바람직한 방법인지 경험을 통해서 하나하나 배워 나갑니다.

아이들에게 학교는 이렇게 중요한 의미가 있기 때문에 학습 효율성

똥멍청이가 되었어요

측면에서만 바라볼 문제가 아닌 것 같아요.

편집자 저희 큰 애가 학습지를 하는데, 선생님에게 수학을 배우다가 인공지능 프로그램으로 바꾸니까 처음에는 너무 좋아해요. 그런데 어느 순간부터 짜증을 내는데 그 이유가 선생님은 야단칠 때도 있지만, 자신의 감정을 알고 더 할 때도 있고, 빼줄 때도 있는데, 인공지능은 목표한 점수가 나올 때까지 몇 시간을 반복 연습시킨대요. 인공지능 프로그램이 아이의 감정까지 읽을 순 없잖아요. 아이들이 학습을 통해 꼭 지식만 배우는 건 아닌 거 같아요. 나와 상대방의 감정을 읽고 교류하는 것도 선생님과의 관계에 포함되어 있다는 걸 느꼈습니다.

"매일 유튜브와 전쟁하는 우리 집을 보세요."

온라인 학습을 하면서 선생님들이 보조 자료로 활용하는 유튜브에 자극적인 사이트가 연결되어 열릴까 봐 너무나 두렵습니다.

_초3, 초5 남매 맘

초등 온라인 수업이 활발한데 아이들 수업을 잠깐 지켜보면 자극적이고 재미난 영상이 광고 창으로 나타나는 게 난감합니다. 주의를 산만하게 만들고 공부보다 그 영상을 보게 되어서 오히려 학습 능력이 떨어지는 것 같아요. 중학생 큰아들은 원격 수업을 하면서 화면 안에 게임 창을 띄워 놓고 있습니다. 시간을 버린다는 생각이 드는데, 해결 방안이 없는지 궁금합니다.

_초5, 중1 형제 맘

김선미 (공감)

김은영 (조언)

최대철 (위로)

편집자　유튜브 이야기가 많이 나와요. 정말 많은 분이 보내주셔서 이 두 분의 질문으로 뽑았습니다. 온라인 수업에 유튜브 링크가 많더라고요. 그러면 화면 옆에 광고 팝업이 뜨고, 아이들이 호기심에 클릭하죠. 온라인 수업을 하다가 오히려 유튜브에 눈을 뜰까 봐 걱정하시는 분들도 있더라고요. 이 글의 한 중학생은 컴퓨터 화면 하나에 게임 창과 온라인 수업 창을 동시에 띄워놓고 한대요.

김선미　진짜 고민이에요. 유튜브는 링크를 타고 들어가면 무한해요. 어느 방향으로 갈지 모르니 두렵죠. 부모로서 최대한 늦게 알려주고 싶은데 사실 아이들은 이미 어른들보다도 유튜브에 대해 잘 알고 있어요.

최대철　팝업을 차단할 수 있는 물리적인 방법들에 대해서는 검색해 보면 많이 나올 것 같아요. 다만 아이들이 유튜브를 보는 행위를 어떻게 받아들이고 있는지는 어른마다 생각이 다를 거 같아요. 사실 저는 큰 의미를 두진 않거든요. 아이들이 보고 있으면 그냥 방문을 닫아주고 나와요.

"온라인 세계와 현실 세계가 분명히 다르다는 걸 알려줍니다."

제 입장에서 제일 걱정되는 건 살인을 쉽게 생각할 수 있다는 거예요. 현실에서 사람이 죽으면 영상이나 게임 세계와 달리 절대로 되돌릴 수 없어요. 아이들은 이미 어른들보다도 마약 종류에 대해 많이 알고 있더라고요. 저는 온라인 세계와 현실 세계가 분명히 다르다는 걸 알려주기 위해 많이 대화하려고 노력합니다.

김선미 <흔한 남매>를 보면서 고민되었던 것도 실제로는 이 두 사람이 남매가 아니라는 거죠. 텔레비전 방송에서 나오는 <흔한 남매>의 내용뿐만이 아니라, 유튜브 콘텐츠를 보니 이 두 명의 배우가 동거하는 사실혼 관계가 나오더라고요. 이걸 알게 된 순간 머리가 띵했어요. 아이들이 너무 좋아해서 뭐라고 말을 하진 않았지만, "얘들아, 두 사람은 실제로 남매가 아니란다. 연기인 거 알지?"라고 말해줄 뿐이죠.

"19세기, 20세기의 사고방식으로 아이들을 바라보는 건 아닌지 늘 고민해요."

저는 우리 어른들이 시대의 변화를 먼저 인지하는 게 중요하다고 생각해요. 새로운 세상이 열리고, 새로운 직업도 생기고 있어요. 애들이 유튜브만 보는 게 두려운 건 사실이지만 새로운 문화를 받아들이면 좋겠어요. 21세기를 살아가면서 제가 19세기, 20세기의 사고방식

똥멍청이가 되었어요

으로 아이들을 바라보는 건 아닌지 늘 고민해요.

저는 사실 제 얼굴이나 목소리가 온라인 수업에 드러나는 게 너무 싫었어요. 학생들의 기술이 뛰어나기 때문에 악용되지는 않을까 두려웠죠. 그런데 김은영 선생님의 유튜브 채널을 보면서 생각이 조금 바뀌었어요. 지금까지 가르친 학생만 몇천 명인데 내가 노출되는 걸 이렇게 두려워할 필요가 있을까 돌아봤죠.

편집자　김은영 선생님은 실제로 유튜브 채널을 운영하시는데, 유튜브 문제를 어떻게 바라보시나요?

김은영　이 글을 보니 유튜브에 수업을 올리고 링크를 걸 때 옆에 다른 영상들이 뜨지 못하도록 신경 쓰지 못한 부분도 있어 반성이 많이 됩니다.

"영상에 대한 선별 능력을 길러주는 교육이 중요한 것 같아요."

요즘 많은 선생님들이 미디어 리터러시Literacy 교육을 확대하고 있어요. 미디어 콘텐츠를 어떻게 선별적으로 받아들여야 하는지 아이들에게 교육하는 거죠. 이제는 온라인 미디어를 피할 수 없는 시대가 된 만큼 학생들에게 영상을 선별할 수 있는 능력을 길러주는 교육이 무엇보다 중요한 것 같아요.

교육의 힘은 어른들의 생각보다 훨씬 큽니다. 저는 제 학생들을 보며 놀랐던 기억이 있어요. 제가 동아리 아이들을 데리고 견학을 갔는데 핸드폰 동영상을 보다가 이상한 화면이 나오니까 아이들이 "우리 엄마가 이런 거 보면 안 된다고 했어."라고 말하며 스스로 끄는 거예요. 그 학생의 부모님이 얼마나 미디어 교육에 신경을 쓰고 있는지 느껴졌어요.

아이들이 어릴 때부터 가정과 학교에서 미디어 리터러시 교육에 심혈을 기울인다면 아이들 스스로 미디어 콘텐츠를 판단할 수 있는 능력을 충분히 기를 수 있다고 생각합니다.

편집자 미디어 리터러시 교육에 대해 잠깐 설명 부탁드려요.

김은영 미디어 리터러시 교육은 학생들이 다양한 미디어를 접했을 때, 미디어가 제공하는 정보와 콘텐츠를 비판적으로 이해할 수 있게 하고, 학생 자신의 생각 또한 미디어로 책임 있게 표현하고 소통하는 능력을 길러주는 교육입니다.

김선미 유튜브 그 자체만의 문제가 아니라, 유튜브를 어떻게 바라보고 활용하느냐 하는 교육의 문제인 것 같아요. 고등학교에는 교과목에서 연계되거나 창체 수업을 통해 매체에 대한 교육을 해요. 그런데 수능과 연관되어 학문적으로 접근할 뿐, 실생활의 측면에서 적극적인 실천을 고민하거나 미디어 수용자가 아닌 주체자가 되자는 등의 의미로 다가가진 못하는 거 같아요.

최대철 최신 기술은 기성세대가 아이들을 따라가지 못하는 거 같아요. 오히려 아이들이 습득해서 저희에게 알려주죠.

김선미 전에 학생들이 그러더라고요. 나이 든 사람들이 쓰는 것이 카톡이나 네이버라고. 학생들은 페이스북 메신저가 소통 수단이래요. 어떤 학생이 물건을 잃어버렸다고 해서 생활지도부에 물어보라고 했더니 그런 방법이 아닌, 페이스북 메신저에 올려서 학생들끼리 분실물을 찾아주더라고요.

학생들이 인터넷 기술을 활용하는 속도와 우리의 속도가 달라요. 이제는 어른들이 학생들에게 매체 그 자체를 가르치기보다는 매체를 포괄하는 좀 더 높은 개념을 찾아서 접근하는 것이 맞는 것 같아요.

편집자 유튜브와 전쟁하는 건 의미가 없네요. 새로운 미디어 현실을 인정하고 이 안에서 아이들이 옳고 그름을 판단하고 기준을 정립하는 교육이 이루어져야 한다는 결론이 난 것 같습니다. 조금 다른 이야기지만, SNS를 통한 학교 폭력이 아직 심각하죠?

김은영 페이스북 메신저가 심각해요.

김선미 초등학생도 그런가요?

김은영 우리들은 페이스북의 유행이 지나갔다고 생각하지만 10대들이 주로 소통하는 매체는 페이스북이에요. 학교 폭력 문제로 주로 신고되는 것이 학생들이 특정한 학생에게 메시지로 욕을 하거나 저격 글이라는 것을 올리는 행위예요.
이름을 쓰지는 않지만 누가 봐도 누구인지 예상할 수 있게끔 대상을 특정해서 그 아이를 욕하는 글을 올려요. 보통 아이들은 일대일로 싸우는 경우가 거의 없어요. 여러 명의 학생이 한 학생에 대해 글을 올리면 그 학생은 큰 공포를 느끼게 되죠. 사실 페이스북은 전부 증거가 남기 때문에 굉장히 위험한데도 학생들은 쉽게 생각해요.

김선미 학생들은 사이버상에서 있었던 일과 현실이 분리가 잘 안 되더라고요. 어른들은 설령 댓글에서는 나쁘게 말하더라도 겉으로는 아무렇지 않게 행동할 수 있는데 학생들은 이 두 개가 이어져 있어서 그 감정을 그대로 끌고 현실로 와요. 왜 그런가 생각해 보면 지금의

똥멍청이가 되었어요

어른들은 10대, 20대 시절에 온라인에 익숙해졌고, 지금의 아이들은 태어나면서부터 이미 온라인 생활을 한 것이나 다름없기 때문이에요. 저도 학생들을 지켜보면서 아이들의 인터넷 세상과 현실은 그대로 이어져 있는 것 같다는 생각을 할 때가 종종 있어요.

최대철 초등학교 때의 사건들이 중학교까지 연결된 경우도 많아요. 물론 매개체는 SNS이지만, 현실적으로 모든 학생의 인터넷 사용을 제한하기는 힘들기 때문에 학생들의 인터넷 예절을 성숙시킬 필요가 있습니다.

"우리 아이가 핸드폰에 중독됐어요."

우리 아이 아침 인사가 달라졌어요. "학교 다녀오겠습니다."가 아닌 "엄마, 핸드폰 봐도 되나요?"입니다. 일어나자마자 핸드폰을 찾고, 학교 온라인 학습을 할 때도 옆에 핸드폰을 놓고 동영상을 보고 화장실을 갈 때도 핸드폰을 들고 다니는 중독자가 되고 있어요.

집에 있으면서 핸드폰을 안 보여 주려고 아이들과 여러 가지 보드게임을 하고 있지만 결국 아이들은 핸드폰의 영상과 게임 속으로 다시 돌아갑니다.

_초2, 초4 남매 맘

김선미 (위로)

김은영 (조언)

최대철 (공감)

편집자 이 글의 어머니는 아이들과 보드게임을 몇 시간 동안 함께 하신대요. 그런데 아이들이 보드게임이 끝날 때쯤 "핸드폰 주세요."라고 손을 내민대요.

최대철　우리 집도 마찬가지예요. 둘째 아이는 화장실 갈 때도 핸드폰을 들고 다녀요. 인터넷에서 만난 어떤 친구와 몇 시간 동안 통화를 해요. 제가 듣기에는 별 의미 없는 대화예요. 그런데 이런 걸 '옳고, 그르다'의 가치 판단 대상으로 보기보다는 아이들의 문화로 받아들이는 게 맞는 거 같아요. 저도 처음에는 많이 걱정했는데 아이들의 문화로 받아들인 다음에는 좀 편해졌어요. 욕을 사용할 때에는 아이들 세계에서 아예 안 할 순 없으니 최소화하도록 지도해요. 시간도 최대한 정해놓게 하고요. 언젠가는 그 친구를 직접 만나게 해 줬는데 둘이 나란히 앉아서 핸드폰만 하더라고요. 스스로 조금이라도 절제하게 도움을 줄 뿐이에요.

김선미　핸드폰 하는 시간을 줄이는 건 어려운 거 같아요. 반대로 핸드폰 하는 거 말고 다른 재미있는 활동을 하는 시간을 늘리는 게 필요해 보여요. 아직 초등학생이니까 분명히 변화할 수 있어요. 보드게임 말고 재미있는 거 한 가지를 더 찾아보시면 좋겠어요. 예를 들면 씨앗 심기와 같은 식물 기르기, 거북이나 물고기 기르기처럼 지속적인 관심을 기울일 수 있는 것은 어떨까요?

편집자　핸드폰을 좋아하는 것과 핸드폰에 중독된 건 어떤 차이가 있나요?

최대철 '내가 여기까지만 해야지.'라고 놓을 수 있으면 중독이 아니에요. 그만하고 싶은데 손에서 놓을 수 없으면 중독으로 보여요. 내가 그만하고 싶을 때 놓을 수 있으면 여섯 시간을 해도 중독으로 볼 수 없어요. 그런데 밥을 먹고 싶은데도 핸드폰을 놓을 수 없다면 그건 중독이죠.

김선미 저도 그렇게 생각해요. 유튜브든 텔레비전이든 열 시간을 봐도 자신의 의지로 보는 것이라면 중독이 아닌데, 한 시간을 보더라도 자신의 의지로 그만둘 수가 없으면 그건 중독이라고 생각합니다. "엄마는 커피 중독이야. 엄마는 커피를 마시지 않으면 절대 안 되어서, 계속 마시거든. 이런 게 중독이야."라고 말하면 아이들이 웃으면서 바로 이해하더라고요.
다시 말해 어머니가 보기에 아이들이 집에 있는 시간이 평소보다 많아서 핸드폰 하는 시간이 길어진 거라면 크게 걱정은 안 하셔도 될 것 같아요.

최대철 반에서 핸드폰 중독 검사를 하면 한 반에 10명 정도는 중독으로 나와요. 상담 선생님이 그 학생들을 데리고 2차 검사를 하죠. 그 검사에서도 중독으로 나오면 치료 기관에 보내서 교육을 받게 해요. 보통 상담과 연결된 프로그램에 참여시키는데요, 점차 시간을 줄여

나가는 방법, 핸드폰 이외의 다른 놀이 방법을 연결해 보는 것 등이
있습니다.

김은영 중독은 최대철 선생님 말씀처럼 자기가 다른 걸 해야 하는 상
황에도 그것이 놓아지지 않는 거예요. 감정 조절이 안되고 누군가 이
걸 뺏으려고 했을 때 분노가 억제되지 않는 상황이 중독에 해당되는
것 같아요. 사실 요즘은 어른들도 핸드폰 중독인 분들이 많아요. 아
이들의 불만은 어른들은 뉴스도 보고 음악도 듣는 등 핸드폰을 맨날
손에 쥐고 놓지 않으면서 자기들만 못하게 한대요. 부모님께서 아이
들에게 핸드폰 사용 지도를 하려면 아이 앞에서 핸드폰 사용하는 모
습을 안 보여주는 노력이 필요할 것 같습니다.

*"초등학교 때는 아이들의 뇌가 많이 성장하는 시기니까 핸드폰 통제
권을 부모님이 갖는 것도 좋은 거 같아요."*

핸드폰 사용에 대한 부모님의 교육이 학생들에게 많은 영향을 끼쳐
요. 이전에 제가 교육청과 협업하여 영상을 촬영하게 돼서 학생들을
단톡방에 모은 적이 있어요. 그때 어머니가 핸드폰 시간을 통제하는
학생들은 특정 시간에만 들어와 필요한 대답만 하더라고요. 그런데
자유롭게 핸드폰을 가진 친구들은 시간에 상관없이 계속 이야기하고

장난치는 모습을 보였어요.

초등학교 때는 아이들의 뇌가 많이 성장하는 시기니까 핸드폰 통제권을 부모님이 갖는 것도 좋은 거 같아요. 핸드폰이 없어서 친구들과 소통을 못할까 봐 걱정하시는 부모님들도 있는데 오프라인으로도 충분히 우정을 쌓을 수 있어요. 오히려 학생들 사이에서 핸드폰으로만 오고 가는 대화는 가십이나 다른 아이에 대한 불평 등으로 안 좋게 흘러갈 확률이 높아요.

"온라인 수업으로 아이의 실력이 쌓일까요?"

학생이 이렇게 오랫동안 학교에 가지 않아도 되는 세상은 상상해본 적이 없습니다.

다행히 한 학기 정도의 예습은 몸에 배어 있어서 학습 진도를 따라가는 데는 무리가 없을 것 같습니다. 그런데 실시간 수업이 아닌 온라인 영상을 보는 수업은 아이가 다른 생각을 하면 그만이라 선생님의 직접 지도를 받는 것과 비교했을 때 실력으로 쌓일 것 같지 않아서 불안합니다.

_익명 맘

김선미 😎 (조언)

김은영 😖 (공감)

최대철 😎 (조언)

편집자   온라인 수업 시대가 되면서 학원을 돌았던 학생들과 스스로 계획을 세워서 공부한 학생들의 차이가 드러나는 것 같아요.

최대철 자기주도 학습은 장기적이든 단기적이든 목표가 중요해요. 중학생들도 자발적인 목표 설정을 많이 어려워하죠. 내적 동기를 갖는다는 게 쉽지 않아요. 목표가 없는 학생들이 화면만 보고 있으니까 멍해지고 흐트러져요. 그래서 부모님들이 학원을 보내는 건데, 학원 등원도 막혀버린 거죠.

"학생들과 부모님들께 한 가지 목표를 세우라고 권해요."

저는 학생들과 부모님들께 한 가지 목표를 세우라고 권해요. 그게 어려우면 오늘 해야 할 일 한 가지라도 스스로 정해서 해 보는 거예요. 특목고 진학 목표를 가진 학생은 스스로 어떻게든 목표를 해내려고 해요. 그 외의 대다수 학생은 어머니와 함께 소소한 목표 한 가지씩을 정해서 해내는 게 중요해요. 단순해 보여도 부모님과 함께 정한 약속을 학생이 지키려고 노력하다 보면 생활 및 학습 태도가 어느 정도 자리 잡을 거예요.

김선미 처음에 온라인 수업을 준비하는데 뭘 어떻게 해야 할지 모르겠더라고요. 어른인 저조차도 주도적으로 뭘 하기가 너무 어려운 거예요. 그냥 무언가 주어지면 그걸 하는데 급급했죠. 더구나 2020년 2학기 개학식 전날, 갑자기 확진자가 늘어서 사회적 거리 두기가

똥멍청이가 되었어요

2.5단계로 조정되어서 개학을 못 했거든요. 준비했던 것들이 갑자기 변경되고, 계획을 다시 세워야 하는 일들이 반복되니까 '아예 아무것도 준비하지 말까?'라는 생각도 들었어요.

"외부 상황에 휘둘리는 것이 아니라 주체적으로 계획을 세워보는 것이 어떨까요?"

아이들도 비슷할 거예요. 자기 의지와는 상관없이 지금까지 지켜온 모든 규칙이 계속 변하니까 점점 수동적으로 될 수밖에 없었을 거예요.

지난해 겪은 것을 토대로 외부 상황에 휘둘리는 것이 아니라 주체적으로 계획을 세워보는 것이 어떨까 합니다. 일단 올해는 온라인 수업이 계속될 것이라고 짐작할 수 있으니, 온라인 수업의 장점을 적극적으로 활용하여 공부 계획을 세워서 해 보는 게 좋을 것 같아요.

김은영 저는 우선 고민을 털어놓으신 어머니에게 한 학기나 먼저 예습을 해둘 만큼 학습 습관이 잡힌 이 학생이 무척 훌륭한 학생이라고 말씀드리고 싶어요. 이런 경우라면 온라인 수업도 바른 학습 습관을 길러 잘해 나갈 수 있을 것 같아요.

제가 2020년에 1년간 영어 온라인 수업을 진행했는데 영어에 흥미가 없는 어떤 학생은 수업을 듣는 게 싫은지 아예 오디오 연결을 해제해 놓았더라고요. 카메라만 켜놓고 수업에 참여하는 척만 한 거죠. 또 많은 학생들이 게임이나 유튜브 창을 옆에 띄워놓았다가 제게 몇 번 들키기도 했어요. 이런 경우엔 학습이 제대로 이루어지기 힘들겠지요. 따라서 바른 학습 습관을 들이는 것이 무척 중요합니다.

"온라인 학습 효율을 높이려면 진짜 학교에 가는 것처럼 일찍 일어나 씻고 옷을 갖춰 입고 환기도 시켜야 집중이 되거든요."

사실 온라인 수업이 대면 수업보다 집중하기 어려운 것은 맞아요. 제가 이번에 2주간 교사 연수를 온라인으로 받았는데 교사인 저도 너무 힘들더라고요. 방 안에서 혼자 대여섯 시간 동안 화면을 보고 있으려니 너무 답답하고 다른 생각을 하게 되더군요. 나중에는 고개를 숙이고 제 모습을 숨기고 싶어졌고요. 이때 아이들이 실시간 쌍방향 수업 중에 왜 자꾸 정수리만 보이는지 공감이 됐어요.

학생들의 온라인 학습 효율을 높이려면 공부하는 환경이 굉장히 중요해요. 진짜 학교에 가는 것처럼 일찍 일어나 씻고 옷을 갖춰 입고 환기도 시켜야 집중이 되거든요. 저도 온라인 연수 기간에 한참 힘들어하다가 마음을 다시 먹고 매일 출근하는 것처럼 일찍 일어나 준비하고 참석하니 기분도 집중도도 훨씬 좋아졌어요.

편집자   저희 큰 애가 온라인 수업을 하는데 담임선생님이 학생들 이름을 자주 부르는 거예요. 아이는 자기 이름이 언제 불릴지 모르니까 긴장하면서 참여하더라고요. 온라인 수업도 서로 소통한다는 느낌을 받으니까 아이가 적극적으로 참여하는 게 느껴졌어요. 이렇게 진행된다면 교실 수업의 효과와 크게 차이가 나지 않을 수도 있다는 생각을 해 보았습니다.

"안드로메다에 가 있는 우리 아이를 보면 괴로워요."

아이가 온라인 수업 때 윈도우 창을 두 개 띄워 놓고 딴짓을 합니다. 줌으로 실시간 수업을 할 때도 다른 생각만 합니다.
어떤 때에는 아이가 카메라를 천장으로 향하게 하고 생각은 안드로메다에 가 있는 게 보입니다. 이럴 때 엄마는 집에서 어떻게 해야 할까요?

_익명 맘

김선미　😩 (공감)

김은영　👀 (조언)

최대철　🙈 (위로)

편집자　아이가 수업 시간에 다른 생각을 하는 모습을 엄마가 목격한
　　거예요. 얼마나 속상하시겠어요.

김선미　어머니께서 이제 현실을 보신 거예요. 이게 진실이에요. 교실에

서 대부분의 아이는 이런 모습이에요. 오히려 마음을 내려놓고 편해지시면 좋겠어요. 저희 아이 학교는 강의 콘텐츠를 올려놓고 학생들이 시청을 완료하면 출결 처리가 되거든요. 그래서 저는 제 아이가 수업 시청만 끝나면 오늘 할 일을 다 끝냈다고 생각합니다.

"아이에 대한 기준을 낮추어 놓고 조금이라도 잘하면 칭찬해요."

설령 텔레비전과 동시에 온라인 수업을 켜놓고 진행해도 말이죠. 저는 아이에 대한 기준을 낮추어 놓고 조금이라도 잘하면 칭찬해요. 아이들이 수업을 듣기만 해도 만족하고 그것으로 되었다고 생각합니다. 아마도 초등학생이라 그런지도 모르겠어요. 앞으로 수업 결손을 메꿀 기회와 시간은 있다고 생각하니까 조바심은 없어요. 오히려 아이들과 사이가 나빠지거나 틀어지지 않도록 노력하는데 더 초점을 맞춥니다. 누가 이런 말을 했어요.
"잘못 박은 못은 빼내면 되는데, 못을 빼내고 나도 못 박힌 자리는 남는다."고요.

최대철　중학생에게는 "고등학교에 진학해서 수업에 따라가려면 이렇게 해야 한다."라는 목표를 세워주시면 좋겠어요.

"내가 왜 공부해야 하는지 이유를 찾지 않으면 어떤 학습 방법을 써도 소용이 없어요."

내가 왜 공부해야 하는지 이유를 찾지 않으면 어떤 학습 방법을 써도 소용이 없어요. 아이를 감시하면 사이가 안 좋아져요. 그런데 이 과정을 통해서 무엇을 하려고 하는지 대화를 하면 사이가 크게 나빠지지 않을 거라고 생각합니다. 물론 이렇게 이야기하는 저 또한 제 아들과 대화가 잘 안돼요. "창문 좀 닫아줄래?" 했더니 그냥 가버리더라고요.^^ 그래서 저도 요즘에는 말을 잘 안 해요.

김은영　학생이 자기 진로에 대한 목표가 있다면 해결될 수 있는 문제인 것 같아요. 진로를 설정하는데 가장 중요한 것은 가정 내에서 부모님과 아이들이 좋은 관계를 형성하는 거예요. 대화를 통해서 아이가 목표를 설정할 수 있도록 이끌어 가야 해요. 아이의 목표는 자라면서 계속 바뀌겠지만 중요한 건 목표가 있다는 사실이에요. 목표는 아이가 무언가를 열심히 하게 하는 동기가 되니까요.

"학생이 진로 계획을 세우면 분명히 공부와도 많은 연계가 되죠."

사실 대부분의 학생은 자신이 원하지 않는 일을 하고 있어요. 학교는 가야 한다고 정해져 있어서 가고, 공부하라고 하니까 하고, 시험을 잘 보라고 하니까 시험공부를 하는 거예요. 이 모든 걸 학생 스스로 왜 해내야 하는지도 모른 채 수동적으로 임하다 보니 학생들은 계속 힘들어하고 그 모습을 바라보는 부모님도 괴로우신 것 같아요.

그렇다면 학생들이 어떻게 진로에 대해 생각해 볼 수 있을까요? 유튜브의 순기능 중 하나가 다양한 직업에 대해 자세하게 알려주는 영상이 많은 거예요. 관심 가는 직업이나 활동에 대해 알아가면서 학생이 진로 계획을 세우면 분명히 공부와도 많은 연계가 되죠. 아이가 목표를 세우고 그것에 맞게 공부를 해 나가다 보면 집중도도 높아지고 부모님도 아이에 대한 신뢰가 쌓일 거예요.

편집자 초등학생 저학년도 해당하는 건가요?

김은영 오히려 저학년 학생들은 진로를 더 쉽게 정합니다. 어떤 것 하나에 꽂히면 열심히 노력하고 어른들이 자신의 꿈에 관심을 보이면 되게 좋아해요. 고학년으로 갈수록 자신이 재능이 없다고 생각해서 "저는 잘하는 게 없어요.", "특별히 관심 가는 것도 없어요."라고 말해서 상담이 힘들어요.

편집자 학습 동기부여에 대한 이야기로 넘어가는 것 같아요. 고등학교에서는 어떻게 이루어지나요?

김선미   지금 이 시기에 어른들의 생각도 많이 변하는 것 같아요. 온라인 수업이라는 새로운 교육 방식에 걱정도 많으시겠지만, 너무 염려 마시고, 새로운 길이 열리고 있는 걸 받아들이고 함께 고민하자고 말씀드리고 싶어요.

"자기 주도로 공부를 해 온 학생들은 변화가 크게 두렵지 않아요."

저는 이 토론을 하면서 우리의 가장 큰 문제가 '자기 주도'에 있다고 생각했어요. 자기 주도로 인생을 살아오고, 자기 주도로 공부를 해 온 학생들은 이 변화가 크게 두렵지 않은 것 같아요. 학교, 학원이 중단되고 온라인 수업으로 전환되면서 자기 주도가 되는 학생과 안 되는 학생의 차이가 확연히 드러났어요. 동기부여도 중요해요. '학교에 왜 가야 할까?'라는 질문은 그동안의 학교 교육에 특별한 동기부여가 되지 않았다는 거로 보여요. 단순히 대학에 가기 위한 수단이었던 거죠.

저는 고등학교 선생님이다 보니까 대부분의 학생에게 대학 입학시험으로 학습 동기를 부여해요. 어느 대학, 어느 과를 가기 위해서는 이 문제집 몇 권을 풀어야 하고, 하루에 몇 시간 정도는 공부해야 해. 그런데 학생이 "저 대학 안 갈 건데요?"라고 대답하면 더 할 말이 없죠. 대학이나 어떤 직업이 학습 동기가 될 수도 있지만, 그것들에 관심이 없는 학생들도 학교 교육을 왜 받아야 하는지 충분히 알면 좋겠어요. 제도를 만드는 게 어른들이니까 우리부터 무엇을 위한 교육인지 고민하고 길을 찾아야죠.

편집자　우리 애가 왜 교육을 받아야 하는지, 왜 선생님과 학생들 속에서 교실 수업을 받아야 하는지 명확하면 엄마들도 덜 힘들 거예요. 가까운 목표도 좋지만 그 목표가 이루어지지 않더라도 교육이 의미 없는 건 아니니까요. 온라인으로 수업이 전환되면서 지식을 전달받고 시험을 치는 도구로서의 물리적 학교는 더 이상 의미가 없음이 드러났어요. 온라인으로 모든 지식을 전달받을 수 있는 시대를 이미 맞이했는데 우리만 모르고 있었던 거죠.

최대철　학생들에게는 목표 설정도 중요해요. 그런데 그것만 중요해지면 위험한 게 서울대에 입학한 후에 자살하는 건 설명할 수 없잖아요.

"추상적인 동기부여도 중요한 거 같아요."

저는 추상적인 동기부여도 중요한 거 같아요.

"나는 행복한 사람이 되고 싶어."

"나는 다른 사람을 돕는 걸 좋아해."

선생님과 부모님이 학생과 많은 대화로 끌어내야 하는 과정이 힘들지만 이게 정말 중요한 거라고 생각해요.

김은영　공감합니다. 저희 부모님도 대부분의 어른들처럼 결과를 중시하셨어요. 항상 제가 몇 등인지 궁금해하셨죠. 성적이 잘 나오면 주위에 자랑하셨지만, 막상 제 생각이나 마음을 궁금해하신 적은 별로 없어요. 저도 그 영향을 많이 받은 거 같아요. 어떤 결과가 안 나오면 그걸 이루기 위해 노력한 과정도 의미 없는 거라고 여겼죠. 결과가 안 좋을 거 같으면 쉽게 포기했고 내가 무언가 잘 해내지 못하면 늘 불안했어요. 그런데 유튜브 채널을 운영하게 되면서 제 콘텐츠를 좋아해 주는 사람들과 소통하는 과정에서 저의 장점을 알게 됐고 단점에만 집중하던 제 성향이 많이 바뀌었죠. 목표도 추상적으로 바뀌었어요. 예전 저의 목표는 이랬어요.

'나는 어떤 직업을 가지고 이렇게 이렇게 하는 사람이 되어야 해.'

지금은 이렇게 바뀌었어요.

'누군가 내가 한 일로부터 도움을 받았다고 할 때 너무 기뻐. 앞으로도 사람들에게 도움이 되고 기쁨을 주는 일을 계속하고 싶어.'라고요.

똥멍청이가 되었어요

"공부가 자신에게 어떤 의미가 있는지 깨닫는 것은 매우 중요한 것 같아요."

저는 아이들이 가정과 학교에서 많은 기쁨을 느낄 수 있었으면 좋겠어요. 기쁨과 감사함을 느끼는 사람으로 성장해야 행복한 어른이 된다고 생각해요. 아이들이 노력한 작은 일에도 격려와 기쁨을 표현해 주면 아이들은 더 많은 자신감을 가질 수 있을 거예요.

이 문제를 공부와 연결해서 이야기한다면, 공부를 할 때 그 공부가 자신에게 어떤 의미가 있는지 깨닫는 것은 매우 중요한 것 같아요. 저는 학생 때 학년이 올라갈수록 수학이 너무 어렵고 싫었어요. 내가 왜 이런 문제를 풀어야 하는지 이해도 안 됐고 재미없다는 생각만 들었죠. 그때 만약 수학을 단순히 문제를 풀고 성적을 받는 과목으로서만 생각하지 않고 수학적 사고력과 이해력을 기르는 것이 내 인생에 어떤 도움이 되는지 알았다면 좀 더 적극적으로 공부했을 것 같아요.

편집자   초등학교 큰 아이가 일기를 한 페이지 썼는데 선생님이 코멘트를 달아 주셨어요.

"소울아, 한 글자도 못 알아보겠어. 그래도 길게 써 줘서 고마워."

엄마인 저는 그걸 보는 순간 아이의 상형문자 같은 글자에 너무 화가 났죠. 그런데 아이는 선생님의 격려가 좋았는지 그 상형문자 일기를 계속 길게 쓰더라고요. 아이가 얼마나 격려에 목말라 있었는지 알게 되었고 엄마로서 부끄러웠습니다.

김선미　학생들은 학교에서 "너 오늘 머리 스타일이 예쁘다."라는 지나가는 칭찬에도 잔뜩 고무되어요. 글씨를 예쁘게 쓰는 친구들은 칭찬 한마디에 더 예쁘게 쓰려고 노력하죠.

인간과 인간이 만나서 서로 자극이 되는 거예요. 온라인 수업은 그게 안 되니까 안타까워요. 온라인 수업으로 아이 성적이 오를 수 있을까, 없을까만 고민하면 온라인 수업도 아이의 모습도 자꾸 나쁜 점만 보이니까, 아이의 생각과 감정에 포인트를 맞춰 주시면 좋겠어요.

똥멍청이가 되었어요

"왜 주5일 실시간 수업을 안 하나요?"

학력 불균형 해소를 위해 실시간 수업을 해야 한다고 생각합니다.

그렇게 하는 학교들이 있습니다.

의무 사항이 아니기에 학교별로 다른 것 같습니다.

우리 학교도 실시간 수업을 하라고 피켓 들고 시위하고 싶은 심정입니다.

우리 아이가 따가운 눈총을 받을까 봐 못하고 있습니다.

2020년 1학기 온라인 수업은 이해했습니다. 그러나 2학기는 황당합니다.

실시간 수업이 그렇게 어려운 일인가요?

캐나다, 독일, 미국 모두 실시간 수업을 하고 있는데 우리는 왜 할 수 없나요?

_초등 익명 맘

김선미　😎 (위로)

김은영　👀 (조언)

최대철　😨 (공감)

김은영　콘텐츠형 수업은 학생과 교사 사이의 상호작용이 일어나기 힘들고, 개별 피드백을 바라는 많은 부모님들은 불만족스러울 것 같아요. 저도 그 마음에 공감합니다. 하지만 실시간 쌍방향 수업을 확대하기 위해서는 학교 전체 단위로 합의가 이루어져야 하는데 실시간으로 온라인상에서 학생들과 만나는 게 불편한 선생님들도 계세요. 모든 교육 구성원들의 마음이 편하고 안전하다는 확신이 있어야 하는데, 지금의 미디어 문화는 위험한 요소가 많아요. 실제로 온라인 수업이 진행된 이후에 선생님의 얼굴이 캡처되어 맘 카페나 중고거래 마켓에 사진이 올라왔다는 기사가 떴고 많은 선생님들이 충격을 받기도 했습니다.

실시간 쌍방향 수업이 좋은 이유는 서로 얼굴을 마주 보고 대화를 나누며 상호작용할 수 있다는 점이에요. 그런데 그게 꼭 학습 효과를 높이는 해답은 아니라고 생각합니다. 몇 시간 연속으로 실시간 수업을 하면 눈이 무척 피로하고, 몸도 힘들어요. 어른인 저도 2주간 교사 연수를 실시간 쌍방향으로 진행하면서 너무 힘들었는데 학생들도 마찬가지일 거예요. 그래서 실시간 수업 시간이 일반 대면 수업만큼 길어지게 되면 학생들은 자꾸 딴짓을 하게 되고 학습에 할애되는 시간만 길어질 뿐 오히려 학습 효과는 떨어질 수도 있습니다.

최대철　우리 학교는 사립이어서 실시간 온라인 수업을 했어요. 대신 저를 포함한 몇 명의 교사가 사전 준비를 많이 해서 매뉴얼을 만들고

똥멍청이가 되었어요

선생님들께 나눠드렸죠. 처음에는 다양한 학습 플랫폼을 검색하면서 왜 이런 기술까지 공부해야 하나 거부감도 들었어요. 공립학교에서는 구성원들의 합의를 이루기 어려울 거 같아요.

김선미 우리 학교는 2020년을 마무리하면서 학생들에게 온라인 콘텐츠와 실시간 줌 수업 중에 어떤 게 더 좋은지 설문조사를 했어요. 설문지를 보고, 제가 내린 결론은 학생들이 꼭 실시간 수업을 원한다기보다는 선생님의 적극적인 피드백을 원한다는 거예요. 수업의 형식이 중요하다기보다는 수업을 마치고 내가 모르는 것에 대해 선생님에게 질문할 수 있기를 바라고, 고민이나 진로 등의 심도 있는 상담이 가능하면 좋겠다는 거죠.

학부모님이 보시기에 온라인 수업이 많이 미흡해 보일 수도 있어요. 올해는 작년의 경험들이 기반이 되어 조금 더 나아질 거로 생각해요. 선생님들도 학생들과의 쌍방향 소통에 대해 많이 고민하고 틀을 만들어갈 거예요.

"중3, 우리 아이 직업은 백수입니다."

중3 딸아이, 하루하루가 백수 생활입니다.

10시는 기본. 11시까지 자다가 겨우 깨워서 일어나면 침대에 누워 핸드폰 삼매경입니다.

온라인 수업 중이라네요.

시험 기간에 잠깐 공부하는 척하더니, 10월 말 시험이 끝난 후 자기 혼자 중학교 생활을 다 끝낸 것 같은 모습입니다.

"학원 싫어"

"온라인 수업은 멀미가 난단 말이야."

"외출하기 귀찮아"

고등학교 입학을 앞둔 우리 딸.

코로나와 함께 성장도 멈춘 것 같아 걱정입니다.

_익명 맘

김선미 (조언)

김은영 (조언)

최대철 (위로)

편집자　저는 처음에 이 글을 보고, 아이 혼자 중학교 생활을 끝냈다는 게 무슨 말일까 궁금했어요. 생각해 보니까 고등학교 진학을 앞둔 아이가 집에서 매일 뒹굴뒹굴 백수 생활을 하니까 엄마는 너무 괴로운 거죠.

최대철　어머니 고민에 깊이 공감해요.

"중3은 고3과 같아요."

중3은 고3과 같아요. 제가 중3 때 실컷 놀고 고등학교에 진학했더니 친구들을 따라가기가 너무 힘든 거예요. 개인적인 경험 때문인지 중3의 이 시기가 가장 중요하다고 생각해요. 저는 중학생까지는 선행 학습이 필요 없다고 생각해요. 그런데 이 시기부터는 고등학교 영어, 수학에 대해 선행 학습을 하라고 조언하죠. 다시 돌아오지 않는 중요한 시기예요. 이 시간을 어떻게 사용하느냐에 따라서 고등학교 성적이 많이 달라질 수 있어요. 자기 생활 태도와 학습의 기본을 제대로 잡으라고 이야기합니다. 저는 고등학교 수업 진도를 나가요. 몇 명만 있어도 상관없어요. 이 시기의 아이들에게 어른으로서 제가 할 수 있는 최선인 것 같아요. 학생들이 저를 보면서 '정말 지금이 중요한가 봐.'라고 생각만 해 줘도 좋겠어요.

그런데 맨날 이렇게 얘기해도 학생들은 중학교 시절이 마무리된다고 생각하니 쉬고 싶겠죠. 중3, 이 시기가 제일 중요하다고 생각하는데 어떻게 표현해야 할지 고민되네요.^^

편집자 만약 선생님의 자녀가 중3 시기를 맞이한다면 어떻게 이끌어 주시겠어요?

최대철 일단 주변 환기를 좀 시켜주고 싶어요. 대학 탐방도 한번 해 보고, 유적지 등 문화 체험, 조금 구체적인 직업 체험, 봉사활동 등의 프로그램을 통해 큰 틀에서 학습 동기를 부여해 주고 싶고요. 감정에 관한 대화도 나누고 싶어요. 예를 들어 의욕이 많이 떨어지는 이유, 조금 피곤할 때 어떤 방법으로 피곤함을 떨쳐내는지 등의 대화요. 그리고 격려해 주고 싶어요. 늦은 시기가 아닌 만큼 조금씩 힘내보자고요.

김선미 고등학교 교사의 입장에서 얘기할게요.

"중3 이 시기에 책을 많이 읽고 오면 좋겠어요."

중3 이 시기에 책을 많이 읽고 오면 좋겠어요. 고등학교부터는 각 과목의 깊이가 깊어지고 과목 간 연계된 지식을 요구하는데 연습이 안

된 상태에서 고등학교로 진학하면 너무 힘들 수 있어요.

『정의란 무엇인가』, 『이기적 유전자』 등의 책을 읽고 토론을 해야 하는데, 내용을 이해 못 하면 본인이 힘들겠죠. 사회적으로 이슈가 되는 책, 토론 거리가 있는 수준의 소설책 등을 읽어야 고등학교에서 진행하는 토론회나 독서 프로그램에 참여할 수 있어요. 중3 마지막 시험이 끝나고 거의 4개월이 남아요. 이 시기를 체계적으로 보내면 고등학교 공부에 많은 도움이 될 거예요.

편집자 학생들이 읽기에 너무 어려운 내용 아닌가요?

김선미 어려운 책이기도 하겠지만 학생들이 사회 현상을 이해하고 설명하기엔 필요한 책이죠. 저도 『팩트풀니스』, 『총, 균, 쇠』 같은 책들과 연계해서 수업을 진행했어요. 교사가 내용을 정리하고 가볍게 진행하는 수업도 있지만, 학생들이 꼼꼼하게 읽고 진지한 토론을 하는 수업도 있어요. 다소 어려운 교양서일 수 있겠지만 중3 이 시기에 독서 능력을 많이 향상하면 좋겠습니다.

편집자 학생 입장에서는 잠도 실컷 자고, 게임 순위도 올릴 수 있는 절호의 시간인데 학생을 기다리고 있는 고등학교의 현실은 그렇지 않다니 안타까워요. 그런데 독서가 입시와 그 정도로 깊이 연결되나요?

김선미　새로 바뀐 생활기록부에 '세부 능력 특기사항'이라고 있어요. 교과별로 적어야 하고, 굉장히 강화됐어요. 대신 수상 경력은 한 학기에 하나만 대입에 적용되는 거로 바뀌었죠.

"독서는 다양한 학문의 연결고리가 됩니다."

세부 능력 특기사항을 어떻게 써야 하냐면, 예를 들어 내가 의대를 지망해요. 하지만 국어 시간에 의학을 배우진 않잖아요. 그런데 '조선 시대 문학 작품 중 000을 읽고 생명을 소중히 여기는 선비들의 자세에서 현대 사회가 안고 있는 생명 윤리에 대해 000 하게 생각하여, 관련 자료 000을 찾아 에세이를 작성함.' 이렇게 연계가 되는 거죠. 독서는 다양한 학문의 연결고리가 됩니다.

김은영　졸업을 앞둔 시기는 누구나 마음이 풀어지는 시기예요. 그런데 우리나라의 교육과정을 살펴보면 초등학교 때 알아야 하는 영어 단어는 약 550개, 중학교는 약 750개, 그런데 고등학교에 가면 갑자기 천 개 이상으로 확 뛰더라고요. 선행을 안 하면 학생들이 고등학교에 가서 글을 읽고 문제를 푸는 것이 무척 어려울 것 같아요. 어떤 선생님들은 선행했다는 가정 하에서 수업을 진행하기도 하시고요. 고등학교 영어는 본인이 노력하지 않으면 따라가기가 아주 어려워요. 수업 내용이 갑자기 어려워지는 게 현실이니까 이 시기에 영어, 수학과 같은 과목은 미리 준비해 두면 좋을 것 같아요.

최대철 중학교까지는 절대 평가인데 고등학교 내신은 석차를 매기는 상대 평가잖아요. 변별하려면 어려워질 수밖에 없어요. 고등학교에 진학한 학생들이 연락 와서 하는 말이 교과가 너무 어렵대요. 안타까웠습니다.

"초1 아이의 귀차니즘을 지켜보고 있습니다."

초1 아이가 공부를 싫어합니다.

아이는 아이대로, 저는 저대로 온종일 유튜브를 보고 있었는데, 시간이 너무 많이 지나서 이제 핸드폰을 내려놓고 학습지를 하라고 했습니다.

그런데 8세 아이가 온갖 귀찮은 표정을 지으며,

"이것만 보고하면 안 될까?"라며 계속 미룹니다.

자신이 말한 걸 계속 미루는 아이에게 화가 납니다.

_익명 아빠

김선미   (위로)

김은영   (공감)

최대철   (공감)

편집자   초1 학생이 귀차니즘에 빠졌다는 표현을 보고 많이 웃었어요. 저희 아이도 2020년에 초등학교 1학년을 맞이했는데 학교에 대한 느낌이 별로 없더라고요. 집에서 매일 놀았어요.^^

김은영　2020년도 1학년 담임선생님들은 이전보다 훨씬 힘든 시간을 보냈다고 해요. 아이들이 유치원을 졸업하고 학교에 입학하면 2~3개월 동안 초기 적응기를 가지며 학교에서 갖춰야 할 기본 생활 습관을 익히는데 그 기간을 놓친 거죠. 매일 등교했던 이전 1학년 학생들과는 다르게 학생들이 무척 산만하고 수업 시간에 바르게 앉아 있기를 힘들어했대요.

그런데 제가 보기엔 6학년 학생들도 마찬가지였어요. 등교 수업이 재개되고 학생들이 일주일에 한두 번 학교에 오기 시작했는데 아이들이 자꾸 수업 시간에 책상에 엎드리는 거예요. 이전에는 이런 모습을 쉽게 찾아볼 수 없었거든요. 규칙적인 학교생활이 학생들의 생활 습관에 많은 영향을 미쳤다는 점을 알게 되었어요.

가정에서 부모님과 아이가 함께 계획을 정해서 책을 몇 분 보기, 몇 분 동안 앉아 있기 등의 연습이 필요합니다.

편집자　초등학교 1학년 수업은 생활 태도 학습에 중점을 두나요?

김은영　네. 3월 한 달 동안 학급 전체가 학교 곳곳을 다니며 각 교실의 위치도 익히고, 자리에 바르게 앉아 글씨 쓰는 연습, 자신의 물건 챙기는 연습 등 생활 태도에 관한 많은 것을 배워요. 그런데 3월을 통째로 집에서 보내고 그 습관 그대로 학교에 왔으니 얼마나 학교생활에 적응하기가 힘들겠어요? 집중도 잘 안되고 바른 자세로 오랫동안 앉아있는 것도 어려웠을 거예요.

편집자　1학년 학생들의 한글 수업은 어떻게 진행되나요?

김은영　한글 수업이 참 어려워요. 학생들 사이의 학습 격차가 크기 때문이에요. 어떤 친구들은 입학할 때부터 한글을 능숙하게 쓰고 읽는데, 전혀 배우지 않고 오는 학생들도 있거든요. 학급 내 과반수의 학생이 한글을 배우고 왔을 경우에는 수업 활동의 수준이 조금 높아질 수밖에 없어요.

일단 학교 교육과정은 자음, 모음을 하나씩 익히는 것부터 시작하는데 처음 한글을 익히는 친구들은 쓰고 읽는 것이 느리고, 이미 습득한 친구들은 너무 쉬워해요. 홈스쿨링을 고민하는 부모님들의 심정을 이해하는 게 선행 학습을 하고 온 학생들이 처음 배우는 학생들을 놀리고, 자신은 이미 다 할 줄 안다고 자랑을 심하게 해요.

편집자　선행 학습이 다른 학생의 학습권을 침해할 수 있는 건 사실이에요.

김선미　2020년에 초등학교에 입학한 학생들이 제일 안타까웠어요. 초등학교 1학년은 꿈에 부풀어서 학교 가방도 새로 사고 새 신발도 신어 보는 때예요. 어떤 아이는 학교에 너무 가고 싶어서 가방을 메고 잤다는 말을 듣고 코끝이 찡해지더라고요. 앞으로 또다시 온라인 수업으로 전환되면 초등학교 1학년 학생들의 학교생활 연습과 학습권은 교육부에서 전적으로 고민하는 게 맞아요. 이건 부모님께 책임을 넘길 일이 아니라고 생각해요.

최대철　저는 이 글을 보고 2020년에 중학교 1학년이었던 학생들이 생각났어요. 예전에는 조를 짜서 학교를 탐색하게 했어요. 초등학교에서 중학교에 올라오면 수업마다 선생님이 바뀌는 등 큰 변화가 있는데 이번에는 그런 적응 기간을 갖지 못했어요. 이번 중1을 보니까 뭔가 무기력해 보이고 귀찮아하는 모습이 있었죠. 교육부도 지난 1년을 보냈으니 이제는 성확한 원칙을 세우기를 바라요.

김선미　교육부도 올해는 준비를 많이 하겠다고 약속했으니까 그런 문제는 작년보다 해결될 것 같아요.

"아이가 이제는 주 1~2회 등교도 힘들어해요."

저는 초등 4학년 아들과 중학교 1학년 딸을 둔 엄마입니다.

집에 있는 시간이 많아지면서 아이들이 게임과 유튜브에 빠져 있습니다. 원격 수업이 아무 의미가 없는 것 같습니다. 멍 때리고, 출석 일수 채우고. 영상을 틀어놓고 딴짓하고, 숙제도 대충 답을 받아 적고 끝내네요. 그리고 주 1~2회 가는 학교도 점점 가기 싫어합니다. 너무 어이가 없습니다. 아침에 웃면서 등교했던 아이들이 주 1~2회 등교도 힘들어하는 걸 보면서 심각성을 느꼈습니다.

저도 지친 것 같습니다. 이제는 화도 안 납니다. 초반에는 열심히 도와주면서 같이 즐겁게 했는데 아이들이 점점 성의 없이 하는 모습에 화가 났고, 전쟁을 치르느니 차라리 신경을 끄게 되었습니다.

이런 상태로 새 학년에 올라가면 수업도 못 따라갈 것 같아 걱정이고, 등교가 시작되어도 이 상황에 익숙해진 우리 애들이 학교에 적응하지 못할까 봐 걱정됩니다.

_익명 맘

김선미   (위로)

김은영   (위로)

최대철   (공감)

김선미   저도 2020년 한 해가 정말 힘들었어요. 교사가 확진되면 학교 전체가 멈추기 때문에 절대 감염되면 안 된다는 공포가 심했어요. 아예 외출을 거의 안 했어요. 일도 열심히, 노는 것도 열심히, 그렇게 살아왔던 많은 것들이 갑자기 멈춰버리니 저 역시도 무기력증에 빠지기도 했지만, 제가 극복한 방법은 "1년 정도는 괜찮아.", "그동안 열심히 살았으니 좀 쉬어가지 뭐." 아이에게도 "엄마도 쉴 테니 너도 좀 쉬어가렴."이라는 것이었죠. 함께 이 어려운 시기에 힘이 되고 의지가 되자고 생각했어요. 그러려면 서로 잔소리하지 않기로 했죠. 아이들은 저에게 잔소리를 안 하니 저만 안 하면 돼요.

최대철   이 글을 보고 저는 반성을 많이 했어요. 선생님들도 우왕좌왕하니 어머니는 얼마나 힘드셨겠어요. 그렇게 1학기가 지나가고 2학기를 맞이했는데, 특별한 변화가 없으니 앞이 보이지 않았을 거예요. 이제는 모든 게 나아질 거예요. 학교마다 플랜 C까지는 준비되어 있을 거고요. 현재 학교마다 준비된 계획의 핵심은 실시간 수업의 확대일 겁니다. 콘텐츠를 업로드하고 학생 스스로 관리하는 방법은 고등학교 이상에서 가능하지 않을까 싶어요. 초, 중학교 학생들은 등교 자체가 생활에 큰 의미가 있어서 등교 확대도 될 겁니다.

김은영   제가 전국 각지의 선생님들이 활동하는 교원학습공동체에 속

해 있는데, 여러 선생님의 사정을 들어보니 수도권은 학생들이 등교를 거의 못했지만 지방은 상황이 심각한 경우만 빼고는 많이 등교했더라고요. 이렇게 지역별로 상황이 다르니 수도권에 사는 부모님들은 더 애가 타고 걱정이 많이 되셨을 것 같아요. 2020년에는 많은 학생들이 처음 겪는 새로운 상황에 적응하느라 우왕좌왕하고 생활 습관이 흐트러지는 모습도 보였을 거예요. 하지만 이제는 등교 수업도 전체적으로 많이 확대될 것이고, 선생님들도 온라인 수업에 대한 준비가 더 되어있기 때문에 각 가정에서 생활 계획을 세워서 학습에 참여한다면 2020년보다는 훨씬 더 나은 모습으로 변화할 수 있을 거예요.

"아이들과 보내는 24시간이 힘들어요."

아이들과 온종일 같이 있는 게 너무 스트레스입니다.
온라인 학습이나 교육까지 신경 쓰면 제가 더 감당하지 못할 거 같아서,
아이들의 학습에 신경을 끄고 있습니다. 차라리 마음을 비우려고 노력하
는 하루하루입니다.

_익명 맘

김선미   (소벤)

김은영   (공감)

최대철   (위로)

편집자   이 어머니의 짧은 톡을 보면서 많은 생각을 했어요. 제가 4주
정도 자가 격리되면서 아이들과 24시간 붙어있었는데 아이들을 보면
서 '아, 우리 애가 이런 애였구나.'라고 새로 알게 된 게 너무 많았어
요. 사실 저도 그렇고 보통의 엄마들은 아이들과 24시간을 꼬박 같이

보낼 일은 거의 없어요. 워낙 일찍 어린이집에 보내고, 친정이나 시댁의 도움을 받는 경우도 많아요. 초등학교에 입학하면 학교와 학원까지 보내니까 편하더라고요. 그런데 온전히 24시간 동안 아이를 관찰하면서 제가 저희 아이들에 대해 많이 몰랐다는 걸 깨달았어요.

김은영 2020년에는 부모님들이 정말 힘드셨을 것 같아요. 제가 만약 아이들과 24시간 동안 붙어 있어야 한다면 다른 직업을 찾아볼 것 같아요.^^

김선미 주위 어머니를 보면 아이들과 온전하게 24시간을 보낸 경험이 없는 분들이 많더라고요.

"아이들과 온전하게 함께 있는 추억을 만드는 것이 어떨까요?"

예전과는 달리 아이가 돌이 지나면 어린이집에 보내고 어머니도 직장을 다니거나 자기계발 시간을 갖는 등 24시간 중에 자녀와 함께하는 시간이 적은 것 같기도 합니다. 이번 기회에 아이들과 온전하게 함께 있는 추억을 만드는 것이 어떨까 해요. 이왕 이렇게 된 시간, 거꾸로 추억을 만드는 시간으로 만든다면 분명히 가치 있는 시간이 되리라고 여겨지네요.

똥멍청이가 되었어요

최대철　저는 개인적으로 이 질문이 제일 핵심인 것 같아요.

"내 아이를 어떻게 바라볼 건지, 어떻게 대화할 건지 어른들도 준비가 안 되어 있어요."

어머니도 아이들의 학습을 A부터 Z까지 살펴볼 일이 거의 없잖아요. 너무 불안한데 어디 나가서 하소연할 수도 없고 애만 계속 바라봐야 하는 상황인 거죠. 사실 어른들도 준비가 안 되어 있었어요. 내 아이를 어떻게 바라볼 건지, 어떻게 대화할 건지 잘 몰라요. 지금은 어쩌면 그런 것들을 해볼 기회일지도 몰라요. 다시 온라인 수업으로 전환되거나 비슷한 형식으로 수업이 진행되면 나와 내 아이는 서로 어떻게 맞추어 갈 것인가 고민해서 준비해야죠. 그런데 제 아내도 하루 세 끼 밥을 차려야 하니까 많이 힘들어하더라고요.^^

편집자　어머니들의 질문을 살펴보면 표현하는 단어가 다를 뿐이지 맥락은 거의 비슷한 거 같아요. 등교 중단이라는 낯선 상황도 힘든데 자기 하고 싶은 대로 생활하는 아이를 보며 이러지도 저러지도 못하고 자괴감만 느껴져요.

김은영　저는 평소에 학부모님들과 소통할 때 존경한다는 말씀을 많이 드려요. 학생들이 학교에서도 장난을 치고 까불기도 하지만 사실 선생님 앞에서 보이는 모습은 가정에서의 모습과는 매우 다를 거예요. 가정에서는 학생들이 더 편한 모습으로 지낼 테니 부모님 말씀을 잘 듣지 않고 속 썩이는 일들도 많겠지요.

온라인 개학이 시작되면서 기존에 학교가 맡고 있던 역할이 많이 사라지고 온전히 그 역할까지 부모님들에게 주어지니까 너무 힘드셨을 거예요. 예전에는 아이들과 종일 같이 있더라도 어디에 놀러 가든가 외출하는 식으로 시간을 보낼 수 있었는데 2020년에는 코로나 때문에 그럴 수도 없었잖아요. 시간이 갈수록 대화 소재도 떨어지고 지루함과 피로감이 더해갈수록 서로 날카로운 말들이 나오기 시작했을 거예요.

그래도 존경스러운 건 2020년에는 집에서 아이와 함께 할 수 있는 놀잇감과 서적이 많이 판매되었다고 하더라고요. 부모님들이 아이들과 좋은 시간을 보내기 위해 많이 노력하셨다는 것을 느낄 수 있었어요.

"맞벌이 부부, 전화로 아이를 깨우는 게 너무 힘들어요."

맞벌이 부부입니다.

저희 아이는 스스로 공부하고 생활 규칙을 지키는 편입니다. 그런데 대부분의 맞벌이 가정은 아이들이 아침에 일어나지 못하고 밤늦게까지 인터넷을 즐기며 일과가 엉망인 경우가 많습니다. 중간고사, 기말고사, 기타 많은 수행평가를 감당해야 하는 상황에서 아이가 스트레스를 감당하지 못하고 시험을 포기하는 경우도 보았습니다.

출근한 부부가 전화로 아이를 깨운다는 건 정말 어려운 일이더라고요.

1. 아이가 등교 수업 때와 똑같이 온라인 수업 때도 시간 관리를 잘할 수 있는 좋은 방법이 없을까요?

2. 직장에 다니는 제가 출근을 하면서 먹을 것을 챙겨놓고 나옵니다. 지난 1년간 하루 세끼의 도시락을 챙겨놓고 나왔던 거 같습니다. 그래도 아이들은 엄마가 준비해 놓은 걸 챙겨 먹지 않고 라면이나 간편식으로 끼니를 해결하더라고요.

아이들이 스스로 균형 잡힌 식사를 하는 건 어려울까요?

_익명 맘

김선미 😳 (조언)

김은영 😳 (조언)

최대철 😖 (위로)

김선미   저는 이 톡을 보내주신 어머니의 아이가 간편식이라도 스스로 챙겨 먹는다는 게 부러워요. 초등학생을 키우다 보니 두 끼를 도시락으로 싸놓고 출근하면 아이들은 그것만 먹거든요. 그래서 조금씩 전자레인지 사용법, 먹고 남은 반찬 냉장고에 넣어두기 등을 알려주고 있어요. 이번 기회가 아니었다면 아마 훨씬 나중에야 알려주었을 법한 생활인데 어쨌거나 반강제적으로 집안일을 함께 나누고 자신이 해야 하는 일을 조금씩 함께 해가고 있습니다.

최대철   교사들도 아이들을 깨우는 게 일이에요. 우리 학교는 실시간 수업을 하는데 참가 요청을 계속 눌러서 자는 학생들을 깨워요. 참 힘들어요. 보통 한 반에 6~7명 정도 깨어 있고 나머지 학생들은 10분~15분 사이에 일일이 전화를 돌려요. 신호음이 가는데 학생이 전화를 안 받으면 부모님께 전화를 드릴 수밖에 없더라고요. 부모님 두 분 다 일을 하시면 얼마나 짜증이 나겠어요. 그런데 이렇게 한두 달 하다 보니까 어느 정도 자리가 잡혔어요.

똥멍청이가 되었어요

"학생들의 시간 관리는 등교 수업과 실시간 수업이 확대되면 어느 정도 해결될 거로 보입니다."

우리가 여러 차례 반복해서 이야기하는 내용이지만 너무 걱정하지 마시고, 조바심 내지 않아도 될 것 같아요. 학생들의 시간 관리는 등교 수업과 실시간 수업이 확대되면 어느 정도 해결될 거로 보입니다. 그리고 아이의 관심 분야를 통해 공부를 해야 하는 목적과 목표가 설정되면 아이들은 능동적으로 자기 자신을 관리할 수 있습니다.

추가로 중학교에서는 기술가정 수업 및 보건교육 시간에 영양교육도 일정 기간 진행하고 있는데요. 성장기 학생들에게 기본 식습관 지도를 통해 균형 잡힌 식사를 하도록 돕고 있습니다.

김은영 집에 간식이 많으면 아이들이 밥보다는 간식을 먹게 돼요. 식단에 신경이 많이 쓰인다면 간식을 제한하는 게 맞는 거 같아요. 저도 초등학교 1학년 때부터 어머니가 외출하시면 동생들과 냉장고에서 반찬을 꺼내서 콩자반에 밥을 비벼 먹었던 게 생각이 나요. 어린 아이들도 집에서 연습을 몇 번 해 보면 충분히 잘 할 수 있으니 스스로 밥을 챙겨 먹는 연습을 시켜보면 좋을 것 같아요.

초등학교에서는 5~6학년 때부터 실과 시간에 음식의 영양소와 균형 잡힌 식생활에 대해 자세히 배우게 돼요. 하지만 초등 저학년 때부터 급식 지도를 통해 음식을 골고루 먹는 것이 중요하다는 것을 지도하는 선생님들이 많으세요. 저는 주변에서 어릴 때 학교 선생님이 싫어하는 음식을 억지로 먹게 해서 그때의 트라우마로 어른이 되어서도 그 음식을 먹지 못한다는 사람들을 많이 접했어요. 그래서 제 학생들에게는 억지로 음식을 먹도록 강요하지는 않지만 급식 시간에 모든 반찬을 한입만이라도 먹어보도록 권하고 있어요. 새로운 음식도 자꾸 먹어보면 점점 더 익숙해지고, 의외로 입맛에 맞아서 좋아하게 되는 경우도 있거든요.

"아이의 진로와 적성은 누구에게 상담해야 하나요?"

아이의 진로와 적성은 누구에게 상담해야 하나요?

초등학교 고학년 큰아이의 진로가 걱정됩니다!

담임선생님이 아이를 보지 못하니 아이에 대해 상담하거나 조언을 받을 수가 없어서 아쉬워요. 아이의 진로와 특기 적성은 어떻게 파악하고 어디에서 조언을 구할 수 있을까요?

그리고 아이의 학습 패턴이 엉망이에요.

학교를 매일 다닐 때는 하교 후 학원, 하원 후 숙제, 예습 복습의 패턴이 잘 잡혀 있어서 제가 따로 지시하지 않아도 스스로 공부를 했습니다.

그런데 지금은 시간이 많고 할 일이 적으니 숙제나 온라인 수업도 깜박할 때가 많고 시키지 않으면 스스로 하지를 않아요. 긴장감이 없으니 정신을 놓는 것 같습니다.

김선미 (조언)

김은영 (조언)

최대철 (공감)

편집자　자기주도 학습이 잘 되는 학생들이 있나요?

김선미　우리 학교 학생 같은 경우는 아침 8시에 독서실에 간대요. 학교에 가는 것과 똑같이 생활하는 거죠. 아침 먹고 독서실에 가서 오전 내내 공부하고, 점심 먹고 늦은 오후까지 공부하고 귀가한다고 하더라고요. 이 학생은 입학 때에 비하면 성적이 정말 많이 올랐어요.

김은영　자기 주도가 굉장히 잘 되는 학생이네요.

김선미　특별히 학원에 다니진 않더라고요. 책상에 계속 앉아 있고, 온라인 수업도 딱 그 시간에 맞춰서 들어요. 학생 어머니는 직장에 다니셔서 도시락만 싸놓고 가신대요. 모든 부모님이 바라는 아이의 모습이죠.

최대철　그 학생이 그렇게 하는 특별한 이유가 있을까요?

김선미　자기 생각으로는 그렇게 안 하면 생활도 공부도 다 흐트러질 것 같대요. 학생이 스스로 정한 거죠. 엄마가 "너 8시까지 독서실에 가서 공부해."라고 하셨으면 오히려 안 했을지도 모른다고 하더라고요. 스스로 정한 것이기에 독서실 비용을 주는 부모님께 감사하며 자신과의 약속을 지키려고 노력하고요. 학급에 몇 명 있어요. 모든 걸 성실하게 스스로 하는 습관이 밴 친구들이요.

편집자　학원이 학생들의 예습, 복습을 관리하다가 학원까지 온라인으로 전환되면서 모두 멘탈이 무너졌어요. 사실은 단순히 도움을 받았던 게 아니라 사교육에 엄청나게 의지하고 있었던 거죠. 모든 게 정상으로 돌아와도 이때의 기억이 안 잊힐 거 같아요. 대부분의 부모님이 우리 아이는 스스로 공부를 찾아서 하는 아이가 아니라는 걸 알게 되었죠.

최대철　학교를 마치고 학원에 갔다가 집에 와서 학원 숙제를 하는 학습 패턴이 어머니가 보기에 좋은 그림일 순 있어요.

"학습의 전제로 학생의 목표와 진로에 대한 대화가 있어야 합니다."

모든 학습의 전제로 학생의 목표와 진로에 대한 대화가 있어야 합니다. 그래야 작은 결과에도 학생이 기뻐할 수 있어요.
초등학교 5학년 학생이면 부모님과 충분히 대화할 수 있어요. 힘든 건 줄이고 하고 싶은 걸 더 늘리는 패턴으로 바꾸면 좋을 것 같아요. 그리고 아이의 진로나 적성은 사실 학생 본인과 어머님이 제일 잘 알 수 있어요. 다만 확신이 없을 뿐이죠. 우리 아이의 미래를 알 수 없으니 누군가에게 물어보고 싶은 마음은 이해하지만 그건 어느 누구도 시원하게 알려주기 어려워요. 어머님이 아이 미래에 대한 확신을 가지고 아이가 좋아하는 게 어떤 건지 대화를 계속 나누는 게 가장 좋을 것 같습니다. 김은영 선생님이 앞에서 말씀하신 대로 저학년일수록 진로나 직업을 정하는 걸 어려워하지 않아요. 중학교에 오면 성적을 공지하지 않아도 학생들이 친구들의 등수를 대부분 알더라고요. 자신의 성적이 어느 위치에 있는지 객관화하는 나이가 되면 진로나 적성은 먼 이야기처럼 들리는 것 같아요. 그래서 어떤 학생들은 자기 미래에 대해 고민하기보다는 유튜브를 보면서 웃는 게 유일한 낙인 거 같아요.

김은영 온라인 수업으로 전환되면서 학생들이 혼자 지내는 시간이 길어진 만큼 스스로 학습 및 생활 계획을 세우는 게 굉장히 중요해요. 혼자 책 보는 것만으로 이해하기 어려운 과목도 있겠지만, 아는 부분만이라도 스스로 내용을 정리하는 습관이 생기면 많은 도움이 될 거예요.

많은 전문가가 학생이 배운 것을 목록화해서 차례대로 적을 수 있을 때 그 지식이 학생 머릿속에서 완전히 구조화된 것이라고 말합니다. 그것이 바로 메타인지 학습법이죠. 학생이 "잘 모르겠어. 기억이 안

똥멍청이가 되었어요

나."라고 말하는 부분을 위주로 복습을 충실히 하면서 학습의 기초를 탄탄히 다지면 좋겠습니다.

편집자 저 글의 어머니는 담임선생님이 학생을 몇 번 본 적이 없으니 학생에 대해 잘 모를 것 같아서 상담을 신청하지 않으신 것 같아요.

최대철 그래도 상담해 보라고 권유하고 싶어요. 학생을 많이 보지 않았어도 교사로서 보는 건 조금 다를 수 있어요. 교사의 의견이 다 옳은 건 아니지만 아이에 대한 다양한 의견을 듣는 건 좋은 거 같아요.

김선미 2020년에 학생들을 자주 만나진 않았지만, 학생들의 이름은 금방 외워졌어요. 만나고 싶은 간절함 때문이었겠죠.

"교사로서 학생을 바라보는 관점이 있습니다."

사실 학교는 학생에게 문제가 있을 때 주로 부모님께 연락드려요. "온라인 수업을 장기간 안 듣고 있습니다."라고요.
그런데 부모님이 먼저 연락해서 학생에 관해 물어보시면 학생을 매일 보진 않았어도 교사로서 학생에 대해 많은 얘기를 할 수 있을 것 같아요. 교사로서 학생을 바라보는 관점도 있고, 학생들은 대부분 집에

서의 모습과 학교에서의 모습이 달라서 이런 이야기를 들으면 아이에

대해 많은 도움이 되실 거예요.

"내 아이만 뒤처지는 것 같아서 늘 불안합니다."

엄마인 제가 아이에 대해 자신이 없으니, 공교육이 제대로 안 되는 지금 사교육으로 더 채워야 할 것 같고, 내 아이만 뒤처지는 것 같아 걱정과 불안이 커집니다.

김선미 (조언)

김은영 (조언)

최대철 (공감)

최대철 저도 그래요. 저희 아이들은 영어 학원만 다니고 있는데 학습 면에서 뒤처지는 건 아닌지 늘 불안합니다. 아빠와 달리 아이들은 별 걱정이 없는 거 같아요.^^

"학습에 대한 것만큼은 나무라지 마시고 칭찬만 해 주세요."

저는 교사로서 학부모님께 이런 말씀을 정말 많이 드려요.

"자신감을 가지고 아이가 못하는 것보다는 잘하는 것 위주로 좋은 이야기를 많이 해 주세요."

수학을 어려워하는 학생은 초등학교 1학년 것부터 쭉 펼쳐보게 하고 초1, 초2, 초3, 초4 과정으로 올라가세요. 어느 순간 걸리면 거기서부터 시작하면 돼요.

수학은 중간에 모르는 부분이 있으면 그 위에 다른 걸 쌓을 수가 없어요. 특히 문제집은 반드시 학생이 자기 수준에 맞는 거로 스스로 선택하게 해 주세요. 어려운 걸 고르면 시작만 하고 빨리 포기할 수 있어요. 아이가 "나도 이 정도는 해볼 만하겠다."라고 느끼는 게 중요합니다. 부모님은 학습에 대한 것만큼은 나무라지 말고 칭찬만 해 주세요.

"한 문제나 풀었니?"

혹시 악역이 필요하다면 아버지께 부탁드리세요. 학생에게는 어머니의 지지가 정말 중요하거든요. 공부하는 건 정말 지루한 거예요. 인내심도 필요하고요. 아이에게 보상과 칭찬이 주어져야 합니다.

자기 인생은 자기밖에 살아낼 수 없다는 걸 우리들은 알고 있어요. 공부를 조금만 하더라도 학생 스스로 정해서 하는 게 중요해요. 너무 불안하면 학원도 좋은데 사실 중학생들은 학원에 다닌다고 학업 성취도가 크게 향상되지는 않아요. 학원은 한 군데 정도만 보내면 좋겠어요. 무엇보다도 어머니의 불안은 어머니가 해소해야지 아이를 통해서 해소하면 안 될 것 같아요. "엄마, 아빠가 이렇게 도와주는데 왜 너는 따라오지 않니?"라고 원망하게 되면 부모와 자식이 서로를 끝없이 원망하게 돼요. 학교에서 아이에게 문제가 있다고 연락이 오지 않는 이상 대부분 잘 크고 있으니까 걱정하지 마시고, 본인 마음이 편해질 수 있게 노력하세요.

김은영   사람은 목표가 있고 그 목표를 위해 차근차근 과정을 밟아갈 때 불안한 감정이 줄어드는 것 같아요. 목표는 구체적이든 추상적인 삶의 모습이든 상관없는 것 같아요. 우선 목표가 생기면 과정이 보이기 시작하잖아요. 머릿속에 구체적인 과정이 그려져야 하는데 모든 게 막연하니까 많은 학생과 부모님이 불안한 감정을 갖는 게 당연해요.

"학습 불안은 학원을 더 보내는 걸로 해소하기보다는 아이와의 대화로 해결하세요."

부모님들은 처음에는 불안을 해소하고자 아이들을 학원으로 보내요. 그런데 학원을 보내고 나서 보니 우리 아이가 다른 아이들에 비해서 다니는 학원 수가 적은 것 같아요. 아이가 해낼 수 있을지 없을지

모르니 무조건 다 시킬 수도 없는 노릇이고 불안은 점점 더 커져만
가죠.

그러니 학원에 의지하면서 불안해하기보다는 아이와 직접 마주 보며
대화를 많이 나누고, 아이가 필요하다고 느끼는 점 위주로 채워주려
고 노력하면 불안감이 조금씩 사라질 것 같아요.

김선미　고등학교 입장에서 냉철하게 말하면 학원에 많이 다닌 학생들
이 고등학교에 와서 성적이 좋다는 보장은 없어요. 앞에서 이야기한,
독서실에 다니면서 스스로 계획을 세워서 공부한 학생과 학원에 의
존해서 공부했던 학생을 비교했을 때 스스로 공부한 친구가 훨씬 성
적이 잘 나오는 걸 보면 현실은 부모님들의 생각과 아주 달라요.

"아이가 인간답게 살지 못할까 봐 느끼는 불안감인지, 좋은 대학에
못 갈까 봐 느끼는 불안감인지 되돌아보세요."

보통의 부모님들은 아이에 대해 갖는 꿈이 큰 것만큼 현실을 잘 모를
때가 있는 것 같아요.
"우리 아이가 공부 못하는 거 알고 있어요. 마음을 다 내려놓았습니
다. 그래서 oo 대학 정도만 가면 됩니다."
그런데 그 대학이 실제로는 전교 상위권만 갈 수 있는 학교예요.

똥멍청이가 되었어요

우리 아이가 계산을 못 하고, 글을 못 읽는 등 학력이 현저하게 떨어져서 세상에 나가 인간답게 살지 못할까 봐 느끼는 불안감인지, 아니면 부모님 마음속에 스카이가 있는데 아이가 그걸 못 따라갈까 봐 느끼는 불안감인지 되돌아보면 좋겠습니다.

"중·하위권 학생들의 자기 주도 방법은 없을까요?"

저는 중3, 고3 아이를 키우고 있습니다.

앞으로 온, 오프라인의 교육이 공존할 것 같습니다.

특히 온라인 학습에 학생들의 자기주도 학습 능력이 부각되고 있는데요.

중, 하위권 학생들이 자기주도 학습을 할 수 있는 차별화된 교육 방법은

없을까요?

김선미 👀 (조언)

김은영 👀 (조언)

최대철 👀 (조언)

편집자　상위권 학생들은 그동안 해 온 대로 계속 열심히 하면 되는데,
온라인 수업을 통해 중, 하위권 학생들이 실력을 향상할 수 있는 방
법은 없을까요?

최대철 우리가 학교 다닐 때를 생각해 보면 상위권이 반에 한두 명이고, 절반 정도가 중위권, 나머지가 하위권이었어요. 그런데 지금 저희 학군은 비평준화여서 돌봄을 받지 못하는 학생들도 있어요. 중하위권 학생들에게는 자기주도 학습보다는 기본 생활 습관 지도에 역점을 두고 있는 게 현실이에요. 수학은 다른 방법이 없어요. 초등학교 수학부터 다시 보면서 내가 어디에서부터 막혀 있는지 알아야 해요.

김선미 중, 하위권 학생들의 자기주도 학습은 현실적으로 어려운 것 같아요.

고등학교는 1등급부터 9등급까지 있어요. 3등급까지 상위권으로 보는데, 그 학생들은 스스로 공부할 수 있게 부모님이 도와주시는 게 맞아요. 그런데 7등급, 8등급, 9등급의 친구들은 다른 진로를 찾는 것도 방법이에요. 꼭 공부를 열심히 하는 사람에게만 미래가 있는 건 아니거든요. 참, 그리고 이 톡을 보내주신 어머니께서 상위권, 중위권, 하위권을 어떻게 나누는지 그 기준은 잘 모르겠지만, 어머니가 원하는 성적이 안 나온다고 아이를 중위권, 하위권으로 보진 않았으면 좋겠어요.

편집자 4~6등급의 학생들은 열심히 하면 성적이 향상될 가능성이 있나요?

김선미 　중위권 학생은 목표를 잡을 수 있게 부모님이 조금만 도와주면 될 거 같아요.

너무 현실적으로 들릴 수도 있지만 5등급, 6등급의 학생들이 정말 열심히 해도 1등급, 2등급은 못 받아요. 3등급, 4등급까지 올라가는 게 현실이에요. 부모님들이 정시 확대를 계속 요구하는 것도 이 맥락인 것 같아요. 내신으로 대학을 입학하면 학교는 끊임없이 시험을 치러야 하고 따라오지 못하는 학생들은 좌절할 수밖에 없습니다.

김은영 　예전에 제가 과외를 했던 고등학생이 생각나네요. 그 학생이 중하위권에 해당하는 학생이었어요. 앞에서 중위권 학생은 목표가 생기면 좀 달라진다고 하셨잖아요. 제가 경험한 바도 같았습니다. 당시에 제가 보았을 때 그 학생이 공부에 흥미가 없는 것 같아 다른 길을 찾아보라고 했더니 학생이 발끈하더라고요. 자기는 꼭 대학에 가겠다고요. 그렇게 의지를 갖고 공부를 하니까 성적이 조금씩 오르긴 했어요.

"기초가 부족한 학생들은 그 학생만의 학습 속도가 필요해요."

제가 느낀 건 기초가 부족한 학생들에게는 그 학생만의 속도가 필요한 것 같아요. 다른 사람들의 속도에 맞추려고 하면 자기 혼자 계속

　　　　　　　　　　　　　　똥멍청이가 되었어요

처지는 것 같고 힘이 빠지거든요. 최종적으로 수능시험 날짜는 정해져 있으니 중하위권 학생들이 당장 다른 학생과 자신의 성적을 비교하지 말고, 자신만의 속도로 계획을 세우면 좋겠어요. 내가 무언가 해냈다는 성취감이 중요하거든요. 기초가 부족한 학생은 기초부터 채울 수 있도록 계획을 세워서 자신만의 속도로 자신감을 느끼고 임하면 좋겠어요.

"아이들이 뚱보가 되었어요."

맞벌이 가정의 아이들은 운동 시간이 더욱 부족합니다.
운동 부족으로 서서히 뚱뚱해지고 있습니다.
집안에서 움직이는 건 한계가 있고, 주말 가족 나들이도 부족합니다.
아이들이 스스로 건강해지기 위해 노력하는 교육 방법은 무엇이 있을까요?

김선미　　😫 (공감)

김은영　　😳 (조언)

최대철　　🚲 (위로)

김선미　저희 아이들을 보니까 온라인 학습에서 선생님이 과제를 내주셨더라고요. 하루에 얼마만큼 운동했는지 꼭 쓰래요. 저학년이라 그런지 철저하게 지키더라고요. 숙제 검사도 안 하는데 엄청 열심히 해요. 제가 이 글에서 느끼는 포인트는 맞벌이 가정이라 부모님의 마음이 아프신 것 같아요. 저도 일을 하다 보니 아이들이 살찌면 그게 저 때문인 것 같아요. 살이 안 찌고 말라도 저 때문인 것 같더라고요.^^ 저녁에 손잡고 같이 운동하면 좋겠어요.

김은영　제가 과거에 실제로 살이 많이 쪄본 적도 있고, 책이나 기사를 읽어보기도 했는데 비만 문제는 운동 부족 탓도 있지만 보통 식습관과 관련이 깊은 것 같아요. 가벼운 운동을 하루 10분이라도 꾸준히 하되 간식을 줄이고 식습관을 바로잡는 것이 비만 예방 및 다이어트에 가장 큰 도움을 주는 것 같습니다.

최대철　우리 아들이 80kg까지 나갔다가 어느 순간부터 그냥 안 먹더라고요. 3개월 동안 하루에 한 끼만 먹었어요. 체중을 많이 빼서 지금은 정상 체중이에요. 우리 학교에는 뚱뚱한 학생들이 거의 없어요. 여학생들은 특히 민감해요. 대부분의 학생들이 살이 찔까 봐 점심을 안 먹어요.

최대철　다시 등교가 재개되면 학생들이 워낙 외모에 신경 쓰기 때문에 저절로 다이어트는 할 것 같아요.

김선미　저희 아이도 체중이 좀 늘었어요. 아이에게는 "코로나가 진정

되면 같이 운동해서 살 빼자. 편하게 생각해."라고 말해요.

김은영 운동을 꾸준히 하기 위해서는 하루 중 정해진 시간에 반드시 하도록 규칙을 정해놓는 것이 중요해요. 시간이 날 때 운동해야지 하고 생각하면 결국 안 하고 넘어가는 날이 많아지더라고요. 저녁밥을 먹고 30분 후에 꼭 10분 운동하기, 온라인 수업을 마치고 바로 10분 운동하기 등 매일 하게 되는 다른 활동과 연결해서 규칙을 정하는 것이 좋습니다.

똥멍청이가 되었어요

"온라인 수업일 때, 기초 학력은 어떻게 쌓아야 할까요?"

대부분의 아이처럼 우리 아이들도 자기주도 학습이 안 됩니다. 불량하진 않아도 학습에 대한 적극적인 의지는 전혀 보이지 않습니다. 학교도 학원도 온라인. 도대체 기초 학력은 어떻게 쌓아야 할까요?

김선미　　(조언)

김은영　　(조언)

최대철　　(조언)

김선미　온라인 때문에 기초 학력이 낮아진 게 아니라 기초 학력이 부족한 학생들이 온라인 수업을 맞이하면서 문제가 생긴 거라고 보여요.

편집자　기초 학력이란 무엇인가요?

김은영　기초 학력을 진단할 때 3RS라는 읽기, 쓰기, 셈하기 세 가지 기준이 있는데 초등학교의 기초 학력 기준은 생각보다 낮아요. 웬만한 학생들은 다 기준에 도달하는 것으로 측정됩니다. 그러다가 중, 고등학교에 진학하면서 갑자기 어려워지는 학습 내용에 놀라는 경우가 많죠. '꾸꾸(기초 학력 향상 지원 사이트)'처럼 기초 학력 테스트를 할 수 있는 사이트들이 있어요. 우리 아이가 기초 학력이 떨어지는 것 같다는 걱정이 든다면 객관적인 평가를 진행하고 부족한 부분이 있으면 그 부분부터 잡아주면 좋을 것 같아요. 먼저 정확한 진단이 제일 중요하다고 생각합니다.

최대철　어머니가 생각하는 기초 학력과 교사들이 생각하는 기초 학력이 같은 기준인지 잘 모르겠네요. 어머니의 자녀들이 교사가 생각하는 기초 학력 미달자일 것 같지는 않습니다. 저희 지역은 중학교 1학년 학생들을 대상으로 기초 학력 테스트를 해 보면 적지 않은 학생들이 초등학교 3~4학년의 학력 수준으로 나오는 게 현실이에요. 김은영 선생님의 말씀대로 1단계 진단이 제일 중요해요. 그다음에 하루 학습량은 계획대로 무조건 그날 해내야 하고요. 습관을 만드는 거죠. 처음에는 반강제적으로라도 하는 게 좋을 것 같아요.

"내적 동기도 좋고, 어떤 보상을 해 주는 등 외적 동기도 좋아요."

학습 능력은 계단식으로 상승해요. 어느 정도 쌓여야 그다음으로 올라갈 수 있어요. 대신 반드시 성과로 이어지죠. 그런 것들을 아이가 견뎌내려면 학습 동기가 분명히 작용해야죠.

내적 동기도 좋고, 어떤 보상을 해 주는 등의 외적 동기도 좋아요. 우선 버텨내는 힘이 생기면 언젠가는 크게 점프하죠. 그 점프에서 큰 성취감을 느끼면 다음에는 좀 더 수월해져요.

저는 부모님들께 아이들과 좋은 이야기만 나누라고 말씀드려요. 검사하지 말고, 오늘 공부하면서 기분은 어땠는지 대화만 나누는 거죠. 자기가 잘했는지 잘못했는지는 학생 스스로 제일 잘 알기 때문에 지적하지 않아도 돼요.

김선미 초등학교 4~6학년 수학을 한 권에 모아놓은 책이 있어요. 연산, 도형, 측정, 규칙성, 통계 등으로 묶어서 구성되어 있어요. 그 책을 1장부터 풀다 보면 내가 어디에서 막히는지 알 수 있을 거예요.

최대철 맞아요. 메타인지가 이거예요. 내가 아는지 모르는지 꼭 확인하고 넘어가는 거죠. 눈으로 보고 판단하는 게 아니라 반드시 실제로 풀어보고 넘어가는 거예요.

김선미 국어 학습 능력은 계단식이라기보다는 나선형인 것 같아요.

"국어는 중심 내용 파악하기가 포인트예요."

초등학교부터 고등학교까지 글의 중심 내용 파악하기가 계속 나와요. 수능시험도 이게 포인트예요. 다만 지문의 길이가 점점 늘어나고, 글의 구조가 복잡해지는 거죠. 다양한 글을 반복해서 읽는 게 제일 중요해요. 글 밥이 적은 책에서 글 밥이 많은 책으로 발전해야죠. 짧은 글의 중심 내용은 파악하기 쉽지만 긴 글의 중심 내용은 파악하기 어렵잖아요. 국어는 그래도 제일 만만한 과목 같아요. 언제든지 책을 읽기 시작하면 읽기 능력을 발전시킬 수 있어요.

김은영   영어는 어휘가 제일 중요하다고 생각해요. 우리가 단어를 모르면 말을 할 수 없고 글을 이해하지 못하잖아요. 영어 어휘를 모르는 순간 해석이 탁 막혀요. 실제 시험에서 문법 문제의 수는 그리 많지 않기 때문에 전체적인 글을 읽고 이해하는 능력이 점수를 좌우하는 가장 중요한 요소예요.

"영어 어휘의 중요성은 아무리 강조해도 지나치지 않아요."

초등학교 때 익혀야 하는 영어 단어 수는 약 550개 정도예요. 열심히 하면 3개월 안에 다 외울 수 있기 때문에 영어 학습이 조금 늦어졌다

하더라도 용기를 가지고 도전하면 금방 따라잡을 수 있어요. 그런데 그걸 안 하고 중학교에 진학하면 다른 친구들이 문제를 풀 때 혼자만 단어를 외워야 하니까 심적으로 아주 힘들 거예요.

특히 고등학교에 진학하면 이전에 비해 어려운 단어가 확 늘어나기 때문에 중학교 교육과정에서 요구하는 것보다도 더 많은 어휘를 익혀야 합니다. 영어 어휘의 중요성은 아무리 강조해도 지나치지 않아요. 저는 고등학생 시절, 영어 성적이 떨어질 때마다 단어를 많이 외우고 나면 성적이 금방 다시 올라가더라고요.

"중, 고등학생의 가정생활 지도가 너무 어렵습니다."

사춘기를 겪고 자아가 발달한 중, 고등학생은 가정에서 무언가를 지도하는 게 현실적으로 어렵습니다. 대화도 통하지 않고, 서로를 이해하는 것도 어려운데 학습까지 신경 쓰기가 괴로워요. 가정에서 건전한 생활 태도나 자기주도 학습 능력을 키울 수 있는 현실적인 방법을 알고 싶습니다.

김선미 😊 (위로)

김은영 😊 (위로)

최대철 😐 (조언)

편집자 이 시기 대부분의 학생들은 부모님과 대화를 나누기가 쉽지 않아요. 그래도 이 톡을 보내주신 어머니는 아이들과 대화를 나누고 싶은 마음인 것 같아요. 어떤 방법이 있을까요?

김선미 제가 미용실에 갔는데 원장님이 제 아이들 나이를 물어보세

똥멍청이가 되었어요

요. 아직 어려서 심부름을 시켜도 서로 하려고 싸운다고 했죠. 원장님이 저더러 너무 행복한 때래요. 몇 년만 지나면 엄마는 투명 인간이라 엄마가 하는 말은 들리지 않고, 자기도 초상권이 있다며 같이 사진도 안 찍는대요. 엄마 핸드폰에 아이의 사진이 없대요. 못 찍게 하니까요. 지금 저는 아이들이 어려서 제 폰에 아이들 셀카만 가득하거든요.

"자녀가 10대 후반이 되면 서로를 위해서 일정 거리를 두고 각자 생각할 시간이 필요한 거 같아요."

원장님의 자녀가 3년 동안 너무 힘들게 해서 빨리 독립하면 좋겠다는 생각까지 하셨다는데, 고등학교를 졸업하고 20세가 되더니 확 바뀌었대요. 갑자기 엄마에게 말을 걸고 대화하는 사람으로 변한 거죠.
시간이 필요했던 거예요. 자녀가 10대 후반이 되면 부모님과 자녀는 서로를 위해서 일정 거리를 두고 각자 생각할 시간이 필요한 거 같아요. 단, 자녀를 향한 마음의 문은 계속 열고 있어야죠. 엄마가 나를 계속 좋아했다는 감정이 남아야 다시 돌아와서 엄마 손을 잡을 수 있어요. 아이에게 '네가 이래서 넌 나쁜 아이야.'라는 감정이 전달되어 버리면 아이가 다시 돌아와서 엄마 손을 잡고 싶어도 잡지 못할 거 같아요. 기다리는 게 엄마의 운명이라고 생각하고 그냥 마음의 문을 두드리고 있다가 아이가 마음의 준비가 되어서 엄마의 손을 잡을 때 함께 웃으면 좋겠어요. 어머님이 이 시간을 잘 견디면 좋겠어요.

최대철 내가 하고 싶은 이야기를 아이와 나누는 건 대화가 아니라고 생각해요. 그건 그냥 혼잣말이죠.

"아이가 하고 싶은 이야기를 마음껏 하고 부모님은 가만히 들어주는 게 대화인 것 같아요."

아이가 하고 싶은 이야기를 마음껏 하고 부모님은 가만히 들어주는 게 대화인 것 같아요. 아이와 부모님은 관심 분야와 생각, 세대가 달라서 대화가 잘 안될 수밖에 없어요. 아이의 관심사를 찾아보고 부모님이 그것까지 공부해야 그나마 대화가 될 거예요. 저도 가끔 아이가 하는 말이 무슨 말인지 모르겠더라고요. 나중에 찾아보고 '아, 이런 이야기였구나.'라고 깨달았어요. 당장은 알아듣지 못해도 아이가 하는 말들을 놓치지 말고 그 의미를 생각해 보면 좋겠어요.
아이들은 부모님과 대화하기가 너무 어렵고 오히려 선생님이 편하대요. 부모님과의 대화는 잔소리와 지시, 감시와 감독의 내용이어서 부정적으로 들리는 거죠. 학생들과 대화하면서 저도 마음속으로 '나도 우리 집 아이와의 대화를 너무 서두르지 말아야지.'라고 생각했어요.

아이가 무슨 말을 하는지 이해하려고 노력하면서 기다리면 부모님이 아이를 교육하거나 지도하지 않아도 아이가 반듯하게 성장한 어른이 되어 다가올 거예요.

김은영 학생들이 부모님께 어떤 이야기를 꺼내는 건 내 이야기에 누군가 귀를 기울여주길 바라는 마음일 거예요. 그런데 부모님과의 대화가 항상 조언이나 지도로만 끝나면 아이는 마음의 문을 닫아 버리죠.

"아이들에게는 부모님의 기다림과 신뢰가 최고의 기둥이에요."

또 사춘기 아이들의 정서는 불안정해서 누군가 건드리면 쉽게 터져 버리는 것 같아요. 그 시기의 특성이 있기 때문에 부모님은 잠시 지켜봐 수시면 좋겠어요.

저도 중학교 시절에 스스로 크게 충격을 받은 기억이 있어요. 아버지와 함께 패스트푸드점에 갔는데 별 이유 없이 막 성질을 부렸죠. 아버지는 별것 아닌 말씀을 하셨는데 저 혼자 화와 짜증이 난 거예요. 그런데 그때 아버지가 크게 혼을 안 내시고 그냥 숨을 한 번 크게 쉰 후 넘어가 주셨어요. '얘가 사춘기인가 봐.'라고 생각해 주신 거 같아요. 그 장면이 지금까지도 너무 죄송하고 오래 기억에 남아요. 저도 사실 그렇게 행동하고 싶지 않았거든요. 당시 저의 그런 미숙한 행동을 이해하고 넘어가 주셨던 아버지의 모습이 가슴에 남아 있어요. 아이들에게는 부모님의 기다림과 신뢰가 최고의 기둥인 것 같아요.

"사립초 두 아이,

사회성 교육과 엄마표 수업이 고민입니다."

1. 딸은 초6, 아들은 초4입니다.

학교가 멀다 보니 친구들과 만나는 횟수가 줄어 아이의 사회성이 걱정됩니다.

아이는 친구에 목말라하고 코로나 시국에 초대하기도 겁이 납니다.

특히 딸아이는 원래 소극적인 성격이라 집에서 사회성 교육을 어떻게 해야 할지 고민입니다.

2. 태블릿, 핸드폰, 게임, 동영상 노출로 눈 건강, 자세 틀어짐이 더 나빠진 것 같아요. 특히 에너지를 발산해야 하는 남자아이가 이렇게 집안에만 있다가 살만 찌고, 스트레스를 계속 쌓아두는 것 같습니다. 나중에 한꺼번에 에너지가 폭발하는 건 아닌지 걱정됩니다.

3. 학교 수업을 따라잡아야 하니 학원 대신 엄마표 수업을 진행하고 있습니다. 그런데 아이들 공부를 도와주다가 서로 얼굴을 붉히고 감정이 상하는 경우가 많아서 고민입니다.

4. 시간이 지나고, 지금의 때를 기억하면 웃을 수 있는 추억으로 남기를 바랍니다. 아이들과 어떻게 지내야 할까요?

김선미   😓 (공감)

김은영   👀 (조언)

최대철   👀 (조언)

김은영   요즘은 내성적인 성격이 나쁘다는 통념이 많이 사라진 것 같아요. 내성적인 아이들은 좀 더 섬세하고 타인의 마음을 잘 읽고 신중한 특징을 가지는 경우가 많거든요. 그런데 대부분의 부모님들은 자녀가 외향적으로 다른 친구들과 잘 어울리길 바라시더라고요. 저는 아이가 단 한두 명의 친구에게라도 자기 생각과 마음을 잘 표현할 수 있다면 내성적인 성격이 큰 문제가 되지는 않는다고 생각해요.

편집자   그런데 엄마들은 아이가 내성적이면 걱정을 많이 하시더라고요.

김선미   혼자 밥도 잘 먹고 당당한 아이가 멋진 친구예요. 함께 급식실에 갈 친구가 없어서 밥을 못 먹는 건 멋지지 않죠. 친구가 없으면 밥을 못 먹는 학생은 누군가 항상 같이 가줘야 하잖아요. 너도 혼자 잘 먹고, 나도 혼자 잘 먹고, 시간이 맞으면 같이 밥 먹고. 이렇게 자유롭게 해 주는 친구가 매력 넘치는 친구 아닐까요?

저도 제 아이가 설령 친구가 없더라도 혼자 영화도 보고 밥도 먹고 과제도 척척할 수 있는 당당한 학생이 되기를 바라요. 정말 친해지고 싶은 친구가 나타날 때 먼저 손을 내밀 용기가 있었으면 좋겠고요. 어머님도 자녀의 소극적인 성격을 너무 걱정하지 않아도 될 것 같아요.

김은영 예전에 저희 반에 되게 똑똑하고 생활 습관이 바른 친구가 있었는데 평소 쉬는 시간에 관찰해 보면 다른 친구들과 잘 어울리지 않고 혼자 노는 등 내성적인 모습을 자주 보였어요. 그런데 학부모 상담 때 그 아이의 부모님은 "우리 아이는 원래 혼자 노는 걸 좋아해요."라고 말씀하시며 편하게 생각하시더라고요.

"아이가 잘하는 것에 초점을 맞추어 격려해 주세요."

서노 그다음부터는 아이를 바라볼 때 마음이 훨씬 편했어요. 그 아이가 친구들과 적극적으로 어울려서 노는 모습을 보고 싶기도 했지만 상담해 보니 아이는 다른 학생들에 대한 관심도 많았고, 교실 생활에 만족하는 모습을 보였어요. 그러니 고민을 남긴 어머니도 아이가 잘하는 것에 초점을 맞추어 격려해 주면 아이도 점점 더 자신감을 가지고 다른 사람들과도 잘 지낼 수 있을 거예요. 어른들이 아이의 내성적인 성향에 대해 많이 걱정하면 아이가 무의식적으로 그 영향을 받아서 '나는 왜 이럴까?'라고 자신의 타고난 성격에 대해 부정적으로 생각하고 고민하게 될 수 있어요.

편집자 저희 큰아이도 혼자 있는 걸 좋아해요. 제가 부모 입장에서 고민해 보면 미래에 중요한 건 소통 및 협업 능력이라고 하잖아요. 이런 게 아이의 성격과 연결되진 않나요?

김은영 소통과 협업 능력이 꼭 외향적인 성격과 관련이 있는 것은 아니에요. 내성적인 아이 중에 자기가 나서서 말을 많이 하지는 않더라도 다른 친구의 이야기를 잘 들어주는 아이들이 있어요. 그런 학생들이 오히려 다른 학생들로부터 많은 호감을 받더라고요.

김선미 외향적인 성격으로 모든 친구와 잘 지내는 학생이 있어요. 겉으로 볼 때는 화려한데 실제로 들여다보면 친구들이 그 학생을 안 좋아해요. 사람들과의 진짜 소통은 잘 안되는 거죠.

"소극적이어도 상대방의 마음을 읽고 그거에 응할 수 있는 능력이 진짜 중요해요."

말수가 적고 행동은 소극적이어도 상대방의 마음을 읽고 그거에 응할 수 있는 능력이 진짜 중요해요. 겉으로 리더인 사람과 진정한 리더

똥멍청이가 되었어요

는 달라요.

물론 너무 심하게 내성적이면 상담이 필요한 경우도 있어요. 그런 경우에는 담임선생님이 어머니에게 상담을 권할 거예요.

최대철 학부모님들이 제일 걱정하는 성격이 두 가지예요. 내성적인 것과 욱하는 성격이죠. 교우 관계에 문제가 생길 정도로 내성적인 성격이면 담임교사가 상담으로 연결해요. 그런데 이런 경우는 굉장히 극소수예요. 5월에 소풍을 가서 지켜보면 내성적인 친구들이 꼭 혼자다니진 않아요. 다른 반에 친한 친구가 있기도 하고, 성격이 비슷한아이들끼리 같이 다니기도 해요. 사회에서 중요한 협업이라는 게 강한 주도성을 의미하진 않아요. 문제 해결에 대해 공유하면서 그걸 함께 풀어낼 수 있는 호흡이죠. 아이가 앞에 나서는 걸 싫어해도 걱정하지 마세요. 사회성은 어른늘이 만들어낸 개념이지 학생들은 각자 나름대로 자기가 타고난 대로 잘 살고 있어요. 담임선생님과 상의해 보시고 조언을 듣는 거로 충분할 것 같습니다.

김선미 예전에는 목소리 크고 활발한 친구들이 선망의 대상이었다면 요즘은 좀 바뀐 거 같아요. 친절하면서도 예의가 바르고 신뢰를 주는 친구들이 학생들에게 인기가 많더라고요.

편집자 '우리 아이의 내성적인 성격이 꼭 걱정할 일은 아니다.'라는 말씀이시네요. 어떻게 보면 사회에서 협업을 할 때 내가 친한 사람이랑 하는 게 아니거든요. 그 분야의 전문가와 협업하죠. 내가 외향적인지, 내성적인 성격인지는 의미 없어요. '저 사람의 전공은 무엇일까? 저 사람이 잘하는 게 무엇이고, 나랑 무엇을 할 수 있을까?' 이런 걸 판단하는 능력이 중요한 거 같아요. 이런저런 친구들과 다 어울리기보다는 자기만의 정체성을 잘 찾아가는 사람이 사회에 나와서도 협업에 능할 수 있겠네요.

이 어머니의 3번 질문을 보면 엄마표 수업이라는 말이 나와요. 책에 실리지는 못했지만 제가 한 어머니에게서 받은 질문에도 엄마표 수업에 대한 게 있었어요. 초등학교 4학년 학생이고, 과학고 입시를 준비하고 있는데 엄마표 수업을 진행하고 있었어요.

김선미 엄마표 수업이 학원 사교육에 대한 대안으로 유행하는 거 같아요. 제 주위에도 많이 있어요. 엄마가 선생님이 되어서 진짜 수업을 해요. 과제도 내고요.

김은영 엄마표 수업의 장점은 엄마가 아이의 수준을 정확하게 파악하고 아이에게 맞는 개별 학습 계획을 세울 수 있다는 것이죠. 학원 선생님이 아무리 잘 가르친다 해도 여러 명의 학생을 봐야 해서 한 명

똥멍청이가 되었어요

에게만 특별히 시간을 할애할 수 없는 경우가 많아요. 엄마는 아이의 학업 수준뿐만 아니라 평소 관심사도 잘 알고 있는 게 큰 장점인 것 같아요.

김선미   수업이 학습으로 끝나지 않고 견학이나 다른 활동으로 쉽게 연결되는 것도 장점이에요. 삶이랑 교육이 합쳐져 있는 거죠.

편집자   단점은 뭐가 있을까요? 제가 저희 아이들에게 국어를 가르친다면 감정이 많이 상할 거 같아요. 가끔 큰 아이의 맞춤법을 가르치다가 저도 모르게 얼굴이 새빨개져요.

최대철   우리 애 수학을 조금 가르쳐 봤는데 감정 컨트롤이 안되더라고요. 학교 학생들은 제가 감정적인 거리를 두고 있기 때문에 모르면 모르는 대로 두 번 세 번 똑같은 이야기를 할 수 있어요. 그런데 우리 아이에게는 모르는 걸 여러 번 반복해서 가르치는 게 너무 힘들었어요. 감정이 상하더라고요. '얘가 왜 이걸 모르지? 내가 뭘 잘못했나?' 라고 저 자신을 자책했어요.

아이들 입장에서는 다른 어른에게 배우는 것과 부모님에게 배우는 건 아주 달라요. 부모님에게 더 잘 보이고 싶죠. 내가 이 정도는 잘할 수 있다는 걸 보여주고 싶은데 그게 안 되니까 본인이 먼저 짜증을 내더라고요. 그러면서 저도 아이도 감정적으로 다치고 있었어요. 서로 막 한숨을 쉬고요. 제가 요즘 사용하는 방법은 분량을 정해놓고 자기 방에서 혼자 풀어보게 하는 거예요. 시간을 넉넉하게 주고요. 알고 모르는 건 중요한 게 아니니 일단 풀어보라고 해요. 하루에 3~4문제 정도만 풀게 해요. 30분 정도 짧게요.

김선미 저는 엄마표 수업을 하지 않아요. 부모님은 부모님의 역할이 있잖아요. 저는 부모님들이 아이들을 한없이 지지하고 도와주는 역할을 하시면 좋겠어요. 한 학생이 학교에서 사고를 쳐서 상담을 했어요. 원인을 찾다 보니까 부모님에게 수업을 받다가 계속 혼나고 맞은 게 가슴에 쌓여 있더라고요.

"아이가 공부를 조금 못해도 사이좋게 지내는 게 행복이라고 생각해요."

엄마표 수업을 하는 이유가 학교를 믿지 못해서인지, 포인트를 잡아주고 싶어서인지 정확한 목표를 정해 놓고, 그 선을 지키려고 노력하면 서로 얼굴을 붉히거나 감정이 상하는 일은 없을 거예요. 부모 자식 사이예요. 아이가 공부를 조금 못해도 사이좋게 지내는 게 행복이라고 생각해요. 아이와 얼굴을 붉히고 성적을 올리는 것보다 아이의 짧고 소중한 유년 시절을 함께 행복하게 누리는 게 개인적으로는 더 의미 있다고 생각합니다.

김은영 저는 전적으로 엄마표 수업을 하는 분은 아직 보지 못했지만, 학부모 상담 때 많은 어머니들이 선행 학습을 어느 정도 해야 하는지 문의하시더라고요. 아이의 교육과 관련해 본인의 생각이나 방향이 맞는지 확인받고 싶은 것 같았어요.

앞에서 선생님들이 말씀하신 것처럼 저 또한 부모, 자식 간에 감정이 상할 정도로 수업을 하는 것은 결코 좋은 일이 아니라고 생각해요. 수업을 하다가 만약 감정이 상할 것 같으면 그 포인트에서 멈추는 힘이 필요한 것 같아요.

유명 강사들도 "나도 우리 애는 못 가르쳐요."라고 말하는 모습을 자수 보았는데 가르치는 사람과 학생 간에 서로 감정이 상하면 결코 학습이 잘 이루어질 수 없고, 부모와 자식 간의 관계가 나빠지면 안 되니까 아예 다른 선생님에게 맡긴다고 하더라고요.

편집자 이 어머니의 마지막 질문을 읽고 저는 마음이 따뜻해졌어요. 어떻게 하면 지금의 이때를 나중에 웃을 수 있는 추억으로 남길 수 있을까? 앞에서도 말씀해 주셨지만, 아이들과 보내는 이 시간이 인생 전체에서 보면 아주 짧잖아요? 그걸 알면서도 저 또한 왜 이렇게 힘든지 모르겠어요.^^ 한 말씀씩 부탁드려요.

최대철　저는 제 마음을 조금 내려놓으려고 노력해요. 아이가 눈앞에 있으니 정말 불안하더라고요. 뭐라도 해야 할 것 같은데 아이는 아무 것도 하고 싶지 않대요. 초창기에는 서로 부딪치다가 지금은 '그래. 너랑 나랑 1년 같이 쉬자.' 이런 마음으로 저를 바꿨어요.

"어른들도 쉬면서 갈 때가 많잖아요."

아직 특별한 목표를 갖고 있지 않은 아이가 보이지 않는 미래를 위해 뭘 얼마나 열심히 할 수 있겠어요. '밤새 게임을 할 수 있는 시간도 지금뿐이니 질리도록 실컷 해라.'
물론 "세상이 얼마나 무서운지 알아? 1분 1초가 아까워. 너 나중에 어떻게 하려고 그러니?"라고 말씀하실 수도 있지만 그러면 아이는 모든 게 너무 어려워 보일 것 같아요. 사실 어른들도 1분 1초까지 아끼면서 살고 있진 않아요. 어른들도 쉬면서 갈 때가 많잖아요. 아이들을 바라볼 때 마음의 여유를 갖고 지켜보시면 좋겠어요.

김은영　저는 아이들에게는 칭찬과 격려가 제일 중요하다고 생각해요. 2020년에는 교과 담당을 맡아 학생들과 친해지기 어려운 상황이었

　　　　　　　　　　　　　　　똥멍청이가 되었어요

는데 수업을 하다가 학생들이 대답을 안 하거나 제 컨디션이 안 좋은 날에는 학생들 앞에서 표정이 자꾸 굳는 거예요. 나중에 제 모습을 되돌아보면서 후회를 많이 했어요. 학생들도 아침에 온라인 수업을 듣는 것이 힘들고, 더군다나 친밀감이 떨어지는 교과 선생님과 수업을 하는 것은 더더욱 긴장되고 어려웠을 텐데 내가 왜 더 좋은 말을 많이 못 해줬을까 후회가 됐죠. 이후에는 제 마음을 바꾸어 학생들에게 최대한 좋은 말을 많이 해 주려고 노력했어요. 한 명이라도 제 질문에 대답해 주면

"OO야, 대답해 줘서 정말 고마워. 덕분에 선생님에게 큰 도움이 됐어."라고 말하니까 저도 기분이 좋고 학생들도 표정이 밝아지더라고요. 이렇게 수업을 하니 처음에는 졸려서 찌푸린 얼굴로 들어왔던 아이들이 마지막에는 웃으면서 인사하고 나가더라고요.

가정에서 아이들과 지내는 시간이 많아진 만큼 긍정적인 대화를 많이 하는 것이 정말 중요해요. 아주 작은 점이라도 아이의 좋은 점을 찾아 꾸준히 칭찬과 격려를 해 주시면 어머니와 아이 모두 매일 기분이 좋아질 거예요. 그럼 이 시간이 훗날 되돌아보았을 때 좋은 감정으로 가득 찬 행복했던 시간으로 기억에 남을 것입니다.

'기억나? 우리 코로나로 학교도 못 가고 집에만 있어서 많이 힘들었지만 그래도 그때 서로 이야기도 많이 하고 즐거웠지.'하고 추억하는 가정이 많이 늘어나기를 소망합니다.

김선미　부모님과 아이가 함께 할 수 있는 취미 한 가지가 있으면 좋겠어요. 색칠하기도 좋고, 퍼즐 맞추기도 괜찮아요. 10년, 20년이 지났을 때 "우리가 2020년, 2021년에 컬러링북을 다 완성했었어. 기억나?", "우리 그때 매일 밤 K-POP 신곡을 한 곡씩 같이 들었어."라고 말이죠.

저는 아이가 <명탐정 코난>에 빠져서 매일 밤 같이 만화영화를 보고, 만화책을 보고 있어요. "우린 그때 코난 만화를 질리도록 많이 봤었지?"라고 추억할 것 같습니다.

이렇게 아이와 함께 추억을 하나씩 만들면 좋겠어요.

똥멍청이가 되었어요

2부

안드로메다로 사라진 자기주도 학습의 지.구.귀.환 Talk!

외계인이 침공해도
공부만큼은 스스로 하는
우리 아이 프로젝트

자기 주도 인생에서 빛나는 별, 자기주도 학습

편집자   어머니들의 톡을 보면서 결국 '자기주도 학습'에 대한 고민으로 넘어온 것 같아요. 그런데 이 토론을 진행할수록 '자기주도 학습이 되려면 자기 주도 인생이 되어야 하는 게 아닐까?'라는 생각을 합니다.

"너는 아직 어리니까 네 인생의 주도권은 당분간 엄마가 갖고 있을게. 우선 공부만 네가 주도해서 해 보렴."

이런 상황에서 자기주도 학습이 가능할까요?

그리고 '자기주도 학습'의 반대말은 '타자주도 학습'인 것 같은데, 앞에서 살펴보았듯이 자기주도 학습이 거의 안된다는 건 우리 교육의 현실이 타자주도 학습인 걸로 보입니다. 어떻게 생각하시나요?

김선미   몇 년 전부터 자기주도 학습 전형이라고 해서 고입이나 대입에 입학전형이 있자, 학원가에서 자기 주도의 계획과 실천을 설계하는 프로그램이 유행하는 웃지 못할 일도 있었죠.

"자신에게 주어진 시간에 어떤 공부를 할지, 무얼 하고 놀지 모른다는 것이 자기 주도성을 잃어버린 모습인 것 같아요."

편집장님의 이야기처럼, 자기주도 학습이라는 것은 자기 주도 인생에서 시작해야 한다는 말에 적극적으로 동의합니다. 언제부터인가 학교에서 자습 시간이 주어지면 학생들이 힘들어하더라고요. 어떻게 해야 할지 모르겠대요. 심지어는 놀아보라고 시간을 주어도 뭘 하고 놀지 모르겠다며 알려달라고 하는 학생들이 많아졌습니다. 자신에게 주어진 시간에 어떤 공부를 할지, 무얼 하고 놀지 모른다는 것이 아마 자기 주도성을 잃어버린 모습이지 않을까 생각합니다.

왜 이렇게 되었을까? 한 번은 이런 일이 있었어요. 동아리 회장을 뽑았는데, 그다음 날 동아리 회장에 본인의 아이가 꼭 되어야 하니 다시 뽑아달라는 전화가 학교로 온 적이 있어요. 학생이 동아리 회장을 뽑을 때 그 자리에 있었고, 뽑는 절차에 동의하고 함께 진행하여 다른 학생이 뽑혔는데, 다음날 학부모가 학교에 전화해서 동아리 회장이 되고 싶다는 이 상황에 많은 생각을 하게 되었습니다. 무려 고등학생인데 말이죠.

최대철 성적 서열화를 통한 대학 진학이 주를 이루었을 때는 학교나 학원의 역할이 확실했던 것 같습니다. 말 그대로 타자주도 학습이 대세였는데요, 대입 전형이 바뀌고 학습도 평생 학습 개념으로 변화하면서 자기주도 학습이 개인에게 더 큰 만족감을 주는 학습 방법이 되어 가는 것 같습니다. 개인적으로 대입을 위한 자기주도 학습이라는 게 조금 아이러니해 보이는데요. 대학 진학 이후까지 고려한 학습으로는 자기에게 맞는 목표를 세우고, 단기적으로 하루 또는 일주일에 할 수 있는 학습량을 정해서 꾸준히 해 보는 방법이 있습니다.

김은영 저도 최대철 선생님 말씀에 깊이 동감합니다. 현재 한국의 많은 학생과 학부모들의 교육 목표가 흔히 명문대라고 불리는 좋은 대학에 입학하는 것이기 때문에 온전한 자기주도 학습이 이루어지기 어려운 상황이에요. 하지만 단순히 남들이 좋다고 해서 그 대학에 가야겠다고 생각하는 것이 아니라 자신이 미래에 하고 싶은 일과, 살고 싶은 인생의 모습을 구체적으로 떠올리고 그 꿈을 이루기 위한 수단으로 공부 계획을 세운다면 학생들이 좀 더 주체성을 가지고 자기주도 학습을 해 나갈 수 있지 않을까 하는 생각이 듭니다. 그래서 앞에서도 학생들의 진로 탐색과 목표 설정의 중요성에 대해서 여러 번 언급하게 되었습니다.

편집자　2018년에 우리나라 아이돌 그룹의 UN 연설문이 주목을 받았어요. 몇 구절만 살펴볼게요.

「저는 그저 평범한 소년이었습니다. 두근거리는 가슴을 안고 밤하늘을 올려다보고, 소년의 꿈을‘꾸기도 했습니다. 돌이켜보면, 그때쯤이 처음으로 다른 사람의 시선을 의식하고 다른 사람의 시선으로 나를 보게 된 때가 아닌가 싶습니다. 그때 이후 저는 점차 밤하늘과 별들을 올려다보지 않게 되었습니다. 쓸데없는 상상도 그만두었습니다. 대신에 누군가가 만

똥멍청이가 되었어요

들어 놓은 틀에 저를 끼워 맞추느라 급급했습니다. 얼마 지나지 않아 내 목소리를 잃어버리고, 다른 사람의 목소리를 듣기 시작했습니다. 아무도 내 이름을 불러주지 않았고, 저 스스로도 그랬습니다. 그렇게 저는, 우리는 이름을 잃어버렸고, 유령처럼 되었습니다. 제 안에서 작은 목소리가 들렸습니다. "깨어나, 그리고 너 자신한테 귀를 기울여."

어제 실수했더라도 어제의 나도 나이고, 오늘의 부족하고 실수하는 나도 나입니다. 내일의 좀 더 현명해질 수 있는 나도 나일 것입니다. 이런 내 실수와 잘못들 모두 나이며, 내 삶의 별자리의 가장 밝은 별무리입니다. 저는 오늘의 나이든, 어제의 나이든, 앞으로 되고 싶은 나이든, 저 자신을 사랑하게 되었습니다. 우리는 우리 자신을 사랑하는 법을 배웠습니다. 저는 여러분 모두에게 묻고 싶습니다. 여러분의 이름은 무엇입니까? 무엇이 여러분의 심장을 뛰게 만듭니까? 여러분이 누구든, 어느 나라 출신이든, 피부색이 어떻든, 성 정체성이 어떻든 여러분 자신에 대해 이야기해 보세요. 여러분 자신에 대해 말하면서 여러분의 이름과 목소리를 찾으세요.」

김은영　　연설문의 내용을 살펴보면 꿈 많은 한 소년이 점점 자랄수록 자신의 꿈을 좇아가는 게 아니라 다른 사람의 시선에 자기를 끼워 맞추죠. 대부분의 사람들은 다른 사람들에게 좋은 사람으로 보여야 한다는 강박감을 조금씩 느끼는 것 같아요.

그래서 우리는 평소 타인의 시선을 신경 쓰지 않고 자기 생각을 당당하게 표현하는 것처럼 보이는 김숙 씨 같은 연예인들에게 열광하는 걸지도 몰라요. 저는 아이들이 각자의 개성을 소중히 하면 좋겠어요. 사실 신규 교사 시절 저는 아이들을 제가 생각하는 틀에 끼워 맞추고 싶어 하는 선생님이었어요. 저학년 학생들과 그림 그리기 수업을 하는데 몇몇 학생들이 너무 못하는 거예요. 부모님들께 보여드리기 부끄러워서 조금이라도 더 예뻐 보이게 제가 그림에 테두리를 그려주는 등 수정하는 일도 있었어요. 그런데 나중에 제 틀을 내려놓고 보니까 학생들의 각기 다른 개성 있는 그림들이 너무 재미있고 귀여운 거예요. 그때 과거의 제가 얼마나 잘못된 생각을 하고 있었는지 크게 깨달았죠. 그 이후로 저는 아이들에게 어떤 선생님이 되어줄 수 있을까 많이 고민했어요.

"아이가 특별한 개성을 갖고 있어도 주위에 그걸 받아주는 사람이 있어야 자신 있게 표현할 수 있어요."

저는 자라나는 아이들 한 명 한 명의 개성을 존중하고 받아주는 사람이 되고 싶어요.

아이가 특별한 개성을 갖고 있어도 주위에 그걸 받아주는 사람이 없으면 자신 있게 표현할 수 없잖아요. 아이가 표현한 것들을 그대로 바라봐 주고 어떤 생각을 했는지 물어봐 주는 어른이 되어 그 아이가 마음껏 상상의 나래를 펼칠 수 있도록 도와주고 싶어요.

최대철　자기 인생을 살아간다는 건 참 어려워요. 어른이 될수록 타인의 시선을 더 많이 신경 쓰죠. 내 의지대로 산다는 게 무엇인지 잘 모르겠고, 그렇게 살아가는 것처럼 저를 포장한 것 같아요. 32세까지는 다큐멘터리 PD로 살아오면서 그 일이 제 인생의 전부라고 생각했는데 많은 사람을 카메라 속에서 관찰하다 보니까 '이 일을 통해 다른 사람들에게 나를 보여주고 싶은 마음이 강하지 않았나?'라고 성찰하게 됐죠.

"지금 세상의 규칙들은 어른들이 만들어 놓은 거예요. (중략) 타인의 시선으로부터 자유롭게 살기를 바라요."

자기 주도 그 자체가 인생의 목적은 아니지만, 누군가에게 좋게 보이기 위한 삶은 내려놓자고 정했어요. 어떤 상황이나 환경에도 흔들리지 않는 것이 자기 주도 인생, 자기주도 학습이라고 생각합니다. 마음을 갈고닦아야죠. 지금의 학생들이 타인의 시선에 너무 큰 의미를 부여하지 않으면 좋겠어요. 이렇게 이야기하는 것도 용기가 필요했어요. 어른으로서 느끼는 책임감은 지금의 학생들이 자기 인생을 스스로 살아가도 될 정도의 사회 환경을 만들어주고 싶어요. 지금 세상의 규칙들은 어른들이 만들어 놓은 거예요. 폭력적이거나 불법적이지만 않다면 다른 사람의 삶을 침해하지 않는 선에서 여러분은 타인의 시선으로부터 자유롭게 살기를 바라요. 학습은 학습일 뿐이에요. 살아가기 위한 여러 가지 방법의 하나를 선택한 거죠.

학생들이 어떤 직업을 선택해서 그걸 어렵게 이루어도 사실 100퍼센트 만족하거나 행복하지 않을 수도 있어요. 좀 더 높은 차원의 목표가 필요합니다. 여러분이 눈앞의 목표와 함께 '행복한 인생을 살고 싶다.'라는 목적을 가지면 좋겠어요.

김선미　학생들이 저에게 질문해요.

"선생님, 제 성격은 어떤가요?

"선생님, 저는 무슨 일을 잘할까요?"

"선생님, 제가 무슨 과에 가면 잘 살 수 있을까요?"

학생들은 자기 자신에 대해 잘 몰라요. 내가 나를 모르니까 그 대답을 밖에서 찾으려고 해요. 정말 부끄럽지만 저는 아이를 낳기 전까지는 학생들에게 답을 해줬어요.

"너는 보니까 사회학과가 딱 어울려."

"내가 커리큘럼 다 세워줄게."

"이 학과에 가면 돈을 못 버니까 전자공학부에 가는 건 어떠니?"라고 거침없이 말해 주었어요. 심지어는 저희 반만 0교시 자율학습을 따로 하기도 하고, 야간 자율학습을 독려하는 등 공부를 엄청나게 시켰죠. 부끄럽게도 제가 계획하고 진행하는 대로 모든 것이 성취된다고 생각했어요. 제가 그렇게 살아왔거든요.

그런 제 인생에 대해서 다시 생각하게 된 계기가 아이를 낳고 이 아이를 어떻게 키울 것인가 하는 고민이 들었을 때였어요. 밤에 재우는 것조차 읽은 책대로 해도 잘 안 되고, 다른 아이는 스스로 용변을 보는데 우리 아이는 언제 스스로 용변을 볼지 모르는 거예요. 장기판의 말처럼 이렇게 저렇게 하면 아이가 이렇게 저렇게 될 줄 알았는데 안 되더란 말이죠. 살아 움직이면서요.

"제가 가르치는 학생들도 제 아이들도 자기가 뭘 좋아하는지 알았으면 좋겠다는 바람이 생긴 거죠."

아이를 낳고 보니, 그때 그 학생들은 정말 행복했을까? 하는 질문을 하게 되었어요. '나는 유능한 교사다.'라는 인정에 굶주린 사람이었던 건 아닐까. 학생들의 얼굴이 보이는 것이 아니라 모의고사 성적표에 있는 숫자만 보이고, 성적이 오른 학생의 노력이 보이는 것이 아니라 제가 얼마나 잘 지도했는지에 대한 자부심을 다른 사람들에게 보여

주고 싶어 하는 건 아니었을까.

아이를 낳고 바뀐 건 제가 가르치는 학생들도 제 아이들도 자기가 뭘 좋아하는지 알았으면 좋겠다는 바람이 생긴 거예요. 자신의 인생을 주도적으로 살아가면서 행복을 느꼈으면 좋겠다는 거죠. 인생의 주인공이 되길 바라는 거죠.

그래서인지 저는 이 아이돌 그룹 연설문의 마지막 부분에서 깊은 감동을 느꼈어요.

「여러분 자신에 대해 말하면서 여러분의 이름과 목소리를 찾으세요.」

저 역시도 부모님이 원하던 교사의 삶, 타인들이 규정지은 행복한 가정의 모습, 잘나가는 친구들과 비교한 사회적 유명세를 좇는 것이 아니라, '나의 이름'과 '나의 목소리'를 찾고 싶다고 생각하게 되었어요. 나의 아이와 함께, 그리고 우리 학생들과 함께요.

편집자 저는 이 연설문을 보는 순간 두려웠어요. 세 아이의 꿈을 침범할 생각은 없지만

'아이들이 자기 내면의 목소리를 잃어버리고 엄마의 목소리만 떠올리면 어떻게 하지?'

'왜 나는 아이들에게 내 생각과 계획을 강요할까?' 고민했죠.

그런데 연설문에 내용이 나와요.

> 「어제 실수했더라도 어제의 나도 나이고, 오늘의 부족하고 실수하는 나
> 도 나입니다. 내일의 좀 더 현명해질 수 있는 나도 나일 것입니다. 이런
> 내 실수와 잘못들 모두 나이며, 내 삶의 별자리의 가장 밝은 별무리입니
> 다. 저는 오늘의 나이든, 어제의 나이든, 앞으로 되고 싶은 나이든, 제 자
> 신을 사랑하게 되었습니다.」

저는 실수를 두려워하는 어른인 거 같아요. 우리 아이들이 인생을 살
아가면서 실수할까 봐 엄마인 제가 두려워한다는 걸 깨달았어요. 그
래서 가장 실수가 적을 것 같은 틀을 만들어서 아이들에게 강요하는
거예요.
엄마들의 진짜 고민은 '자기주도 학습'에 있어요. 코로나면 어떻고 등
교 수업이면 어때요? 그런데 상황과 환경이 바뀌니까 잘 따라오던 아
이들이 중심을 잃어버리고 그걸 보며 어머니의 마음도 흔들리는 거
죠. 아이들의 틀을 정해 놓고 "이런 목표를 향해 자기 주도로 공부를
해 보렴." 이게 가능할까요?

김선미   자기주도 학습, 자기 주도 인생이라는 것이 BTS의 'LOVE
YOURSELF'와 맞닿아 있는 것 같아요.

"자신의 삶을 주체적으로 살아가지 않으면 자신을 절대 사랑할 수 없어요."

자신의 삶을 주체적으로 살아가지 않으면 자신을 절대 사랑할 수 없어요. 거꾸로 자신을 사랑해야 주체적으로 살아갈 수 있고요. 원하는 목표에 도달하고 모두가 부러워하는 삶을 살게 되더라도 그것이 타인이 정하고, 타인의 조정에 의해 만들어진 것이라면 절대 충실감도 느낄 수 없고 만족도 느낄 수 없을 겁니다.

그런데 진짜 문제는 엄마의 목표와 아이의 목표가 달라 갈등이 일어나는 것이 아니라, 아무런 목표가 없다는 것입니다. 무기력이요. 자기 생각은 없고 시키는 대로 하는 것, 그러다가 그 시키는 것조차 하지 않는 것 말이죠.

유아들은 자신의 기분을 엄마 얼굴을 보며 안다고 하잖아요. 엄마가 웃고 있으면 내 기분도 좋은 거고, 엄마가 힘든 표정이면 자신도 힘들다고 생각하는 것처럼요. 유엔 연설에서 다른 사람의 시선대로 자신을 보기 시작하자 자신의 이름을 잃어버렸다고 하듯이, 부모의 시선이 아이를 타인과 비교하고, 경쟁하고, 아이의 모습이 자기 것인 양하고 계신 건 아닌지. 부모님은 아이가 "엄마, 아빠, 괜찮은 사람인가요? 내가 날 사랑해도 될까요?"라는 질문에 당연하다고 가장 사랑한다고 말해 주는 사람이었으면 좋겠습니다. 그리고 학생들이 스스로 목표를 정하고, 실패할 수도 있고, 잘못한 것에 대한 책임을 져야 하는데 그럴 기회를 안 주시니 나중엔 꿈꾸는 것까지 부모님이 해 주는 것 같다는 생각을 하게 됩니다.

김은영 사실 초등학생의 경우 아주 어린 시절부터 특정한 분야에 강하게 꽂혀 있거나, 김연아처럼 정말 뛰어난 재능을 가진 학생이 아닌 이상 스스로 알아서 자기주도적 학습 능력을 갖추는 것은 무척 어렵습니다. 어른들의 도움이 꼭 필요한 나이예요.

초등학교는 다양한 분야의 기초 교육이 이루어지는 장이기 때문에 꼭 공부만 중요한 것이 아닙니다. 학생들이 작은 생활 태도, 습관부터 하나씩 배워나가면서 꾸준하게 '내가 성장하고 있다.', '내가 해냈다.' 라는 성취감과 자존감을 느끼는 것이 중요한 시기예요. 이 과정에서 삶을 살아가는데 필요한 기술과 힘을 익히고, 자신만의 길을 가기 위한 토대를 닦게 되지요.

학생들이 자기 주도 학습력을 가진 사람으로 성장해 나가려면 자신이 세운 목표와 꿈이 명확해야 하므로 초등학생 시절부터 자기가 좋아하는 것이 무엇인지 찾아가는 과정을 충분히 가지는 것이 중요하다는 생각이 듭니다.

편집자 저희 큰애가 4학년인데, 엄마 말도 안 듣는 개구쟁이예요. 그런데 이 아이가 조금 다르게 보일 때가 있어요. 아이가 마블 팬인데, 마블 시리즈의 전체 타임 테이블을 갖고 계획을 세워서 반복적으로 영화를 봐요. 막 구조화시켜요. <명탐정 코난>도 엄청나게 좋아하는데, 1996년도 작품부터 빠짐없이 다 찾아서 보고, 반복해서 보면서 캐릭터, 사건별로 계속 분석을 해요. 그리고 아빠에게 막 전도해요.^^ 지금은 남편도 아이가 이끌어주는 대로 <명탐정 코난>의 덕후가 되었어요. 그걸 보고 제가 생각했어요.

'네가 공부에 흥미가 덜할 뿐이지, 네가 좋아하는 거에 있어서는 철저하게 주도적으로 끌고 가는구나.'

최대철   중학생도 자기주도 학습이 쉽지 않아서 관련 책들이 되게 많아요.

"목표가 뭐니?"

"없어요."

"그럼 주간 목표를 세워볼까?"

"없는데요."

이런 형태로 가면 실패할 거예요. 저희 아들도 마블에 빠져 있을 때 보니까 아이들은 자기만의 알고리즘이 있어요. 누구는 연도를 중요시하고, 누구는 캐릭터별로 정리하는 걸 좋아해요. 남들이 잘 보지 못하는 부분들을 알아내려고 노력하더라고요. 자기만의 어떤 기준으로

똥멍청이가 되었어요

전 시리즈를 막힘없이 일렬로 세워요.

"아이만의 자기주도 학습 방법을 끌어내고 키워내야지 정해져 있는 기존의 방법대로 하면 거의 대부분 실패해요."

아이만의 특징들을 찾아서 그런 형태의 학습 능력을 키워주는 게 필요해요.

"너 마블 좋아하지? 마블의 마인드맵처럼 이 부분의 내용을 그려봐."

아이만의 자기주도 학습 방법을 끌어내고 키워내야지 정해져 있는 기존의 방법대로 하면 거의 대부분 실패해요. 저는 부모님께 아이만의 알고리즘을 파악해야 한다고 말씀드려요. 저희 아이가 마블에서 남들이 보지 못하는 걸 찾아내려고 기를 쓰는 것처럼 수학을 풀 때도 자기 혼자만의 다른 방법으로 풀어보려고 노력해요. 아이마다 지식을 받아들이는 방법은 다 달라요. 그걸 알아야 학습 계획을 어떻게 세워야 할지 잡히거든요.

아이들에게 처음부터 "너의 알고리즘을 파악해 보자."라고 하면 어려우니까 우선 아이의 감정을 많이 들여다보세요. 아이의 작은 행동도 전부 다 의미가 있어요. 아이들은 표현에 서툴 뿐이에요. 어제는 컵을 이런 모양으로 세워두고, 오늘은 컵을 다른 모양으로 세워뒀다면 이 두 개는 다른 의미가 있어요. 저도 아이에게 "아빠가 게임 시켜

줄 테니까 이거 한번 해볼래?"라고 접근하는 정도예요. 아이만의 방법을 찾아내는 거, 그게 자기주도 학습의 출발점인 것 같습니다.

편집자 2021년 초등학교 6학년 학생부터 적용되는 고교학점제가 이슈인데요. 자기 주도가 되는 학생들은 너무 좋아할 것 같고요. 그게 안 되는 학생들은 뭘 어떻게 선택해야 할지 너무 고민될 것 같아요. 쉽게 설명 좀 부탁드려요. 그리고 지금의 초등학생들은 어떻게 준비해야 하는지 알고 싶어요.

김선미 고교학점제는 학생이 공통과목 이수 후, 진로·적성에 따라 과목을 선택하여 이수하고, 이수 기준에 도달한 과목에 대해 학점을 취득·누적하여 졸업하는 제도입니다. 학생이 과목을 이수하여 학점을 취득하기 위해서는 과목 출석률(수업 횟수의 2/3 이상)과 학업성취율(40퍼센트 이상)을 충족해야 하며, 3년간 누적 학점이 192학점 이상이면 고등학교를 졸업하게 됩니다. 학교 교사나 외부 강사 등을 통해 단위학교에서 단독으로 이루어질 수도 있지만, 인근 학교 간 협력을 통해 이루어질 수도 있고 지역 교육 시설이나 온라인 강의 등을 활용하여 이루어질 수도 있습니다. 특성화고등학교는 2022년부터, 일반 모든 고등학교는 2025년에 전면적으로 실시됩니다.

최대철 관련해서 중학교 교육과정을 간단히 말하자면, 가장 큰 특징은 자유학년제인데요. 자유학년제를 중학교 3년 중 1년간 운영합니다. 대부분의 학교가 1학년을 자유학년제로 운영합니다. 중간·기말고사 등 기존의 점수 위주의 평가를 지양하고, 이수해야 하는 교과 시수 일부를 조정해서 학생들이 선택해서 수업을 듣고, 진로를 탐색하는 시간을 갖는 거예요. 하지만 2, 3학년에서는 기존과 같이 평가가 있고, 평가 점수(내신점수)에 의해 고등학교 진학을 하므로 1학년 교과 성적에도 신경을 써야 합니다.

김은영 저도 이 교육 제도를 처음 접하는 사람으로서 앞으로 초등학교에서 학생들을 어떻게 준비시켜야 할지 고민이 많이 됩니다. 우선 교사와 부모님들이 변화하는 입시제도에 대해서 구체적으로 정확하게 피악하고 있어야 할 것 같아요. 그리고 아이가 고학년이 되면 이 제도에 대해서 간단하게나마 이해할 수 있게끔 설명해 주고 아이 스스로 차차 준비해 나갈 수 있도록 도와주어야 할 것 같아요.

"고교학점제를 위해 아이가 자신이 무엇에 가장 관심이 높은지 찾아내 관련 진로를 탐색하고, 그 학과에 가기 위해서는 어떤 학점을 이수해야 하는지 함께 조사해 보는 과정이 이루어지면 좋을 것 같아요."

초등 교육 단계에는 일단 학생이 다양한 직·간접 경험을 함으로써 자신이 좋아하고 관심 가는 것이 무엇인지 찾아내는 과정이 가장 중요할 것 같아요. 아이가 자신이 무엇에 가장 관심이 높은지 찾아낸다면 관련 진로를 탐색하고, 그 진로와 관련한 학과에 가기 위해서는 어떤 학점을 이수해야 하는지 함께 조사해 보는 과정이 이루어지면 좋을 것 같아요. 조금이라도 고교 학점제에 대해 학생이 스스로 파악하고 나면 이후 스스로 학습 목표와 계획을 세우는 데 많은 도움이 될 거예요.

이제 교육 정책 자체가 고등학교 1학년 때부터 자신의 진로에 관해 결정해야 하는 방식으로 바뀌어, 학생들이 이른 나이부터 자신의 관심 분야나 좋아하는 것에 대해 더 많이 생각해야 하는 시대가 되었습니다.

저는 얼마 전에 2021년 2월 졸업을 앞둔 6학년 학생들과 바뀌는 교육 제도에 관해 이야기를 나누며 진로 수업을 진행했어요. 저는 학생들에게 특정 직업을 자신의 꿈으로 생각하기보다는 내가 어떤 삶을 살아야 즐겁고 행복할지 방향을 살피는 것이 중요하다고 말했습니다.

수업 활동을 통해 학생들이 스스로 언제 가장 신이 나고, 행복한 감정을 느끼는지 파악해 보도록 했더니 일상의 꾸준한 성공 경험, 성취감이 가장 큰 행복인 학생, 가족과의 친밀한 관계가 중요한 학생, 온전히 자신만의 시간을 가지는 것이 중요한 학생 등 학생마다 다양한

똥멍청이가 되었어요

성향을 가진 것을 볼 수 있었어요. 학생들은 자신의 성향에 맞는 진로를 택했을 때 더 행복한 삶을 살 수 있겠죠.

이처럼 초등학생들도 자신의 평소 감정을 잘 들여다보면 자신의 성향에 대해 탐색할 수 있습니다. 가정에서 부모님들이 이와 관련한 대화를 많이 하시면 좋을 것 같아요. 학생들이 자신의 성향을 더 정확히 이해하기 위해서는 다양한 경험이 뒷받침되어야 해요. 학교에서 공부하는 것뿐만 아니라 다양한 사람과 공간을 접하고, 새로운 활동을 시도할 수 있는 기회를 어른들이 많이 마련해 주어야 합니다. 현실적으로 그것이 어렵다면 다양한 책과 콘텐츠를 통한 간접 경험을 할 수 있도록 도와주어야죠.

편집자 학생의 꿈과 목표, 학습과 성적은 전부 깊은 연관이 있네요.

김선미 그럼요. 학생의 꿈과 관심 분야, 학습과 성적이 별개가 아니라 전부 상호작용을 하고 있어요.

그런데 "지금은 다른 거 신경 쓰지 마.", "마블 같은 건 대학 가면 실컷 볼 수 있어."라는 건 옳지 않을 뿐만 아니라 비효율적이기도 합니다.

학습 주도권이 학생에게 주어진다면 학생이 좋아하는 취미생활도 하면서 교과와도 연결하고, 토론도 하고 자율 동아리도 만들 수 있어요. 그러한 활동이 진로 진학으로 자연스럽게 연결되지요. 학생들이 좋아하는 무언가를 먼저 쳐내지 말았으면 좋겠습니다. 넓게 받아주셨으면 좋겠어요.

편집자　선생님, 그런데 7~9등급의 학생들도 가능할까요? 우선 등급을 올려야 되는 거 아니에요?

김선미　제가 가르쳤던 학생 중에 7등급, 8등급이었다가 나중에 2등급까지 올라가서 지금은 조연출을 하는 친구가 있어요. 수업 때마다 엎드려서 자던 학생이에요. 그런데 하고 싶은 일이 생긴 순간 갑자기 문제집을 막 풀기 시작하는 거예요. 그렇게 뭐에 꽂혀서 공부를 하고 결국에는 사진과에 입학했어요. 인생의 목표, 학습의 동기는 타인이 줄 수 없어요. 평소에 자신이 관심을 두는 무언가에서 어떤 연결고리를 찾아내는 거죠. 부모님이 하실 방법은 "네가 마블을 좋아하는 구나. 마블 분장에 관심이 많다고? 분장을 전문적으로 배우려면 관련 학과에 들어가는 게 어떻겠니? 그럼 그 학과에 들어갈 수 있도록 공부를 해 보자."가 될 것입니다.

편집자　부모님과 선생님이 학생을 다각도로 관찰해야겠어요.

우주 미아가 되어버린 학습 목표

편집자　학습 목표는 어떻게 세울까요?

김은영　우선 전체적인 학습 목표를 잡은 후에 세부적으로 계획을 세워 나가는 과정이 필요해요. 전체적인 학습 목표를 세우기 위해서는 이번 학기에 배울 교과서의 목차를 살펴보면서 전체 학습 맥락을 먼저 파악해야 합니다. 교과서에는 단원 목표와 차시별 학습 목표가 분명하게 쓰여 있어요. 학생이 그 학습 목표를 정확히 파악하면 수업을 들을 때도 무엇에 집중해야 할지 판단할 수 있죠.

"복습을 충실하게 하는 것이 더 중요하다고 생각해요."

학습 계획을 세울 때 예습을 너무 과하게 할 필요는 없고 복습을 충실하게 하는 것이 더 중요하다고 생각해요. 예습이 지나치면 수업 시간에 흥미가 떨어질 수 있거든요. 복습은 수업을 들은 그날 중요한 내용을 스스로 정리해 보도록 하고, 3일, 일주일 안에 다시 한번 가볍게 훑어보면 배운 내용을 더 잘 기억할 수 있어요. 내가 공부를 잘했는지 확인하는 근거는 학습한 차시, 단원의 목표와 구체적인 내용을 말로 잘 설명할 수 있는 거예요. 스스로 설명할 수 있는 내용은 이해가 잘 됐다고 볼 수 있거든요. 설명하다가 뭔지 잘 모르겠고 헷갈려서 말하기 어렵다는 생각이 들면 그 부분은 완전히 이해하지 못한 거예요.

저는 초등학생들이 처음부터 과한 학습 목표를 세우기보다는, 수업 시간에 배운 내용을 그날 복습하고 부모님이나 형제자매, 인형 등에게 설명해 보는 정도로 목표를 잡고 꾸준히 실행해 나가면 학업 성취도를 높이고 바른 학습 습관을 형성하는데 큰 도움이 될 거라고 생각합니다.

최대철 1일 목표부터 잡는 게 좋아요. 몇 문제를 풀어보면 속도가 느린 학생도 있고, 빠른 학생도 있어요. 부모님이 아이를 관찰해서 그 아이에게 맞는 학습량과 목표를 잡아주세요. 일일 학습, 주간 학습, 시험을 대비한 학습 등 목표는 구체적으로 세울수록 좋습니다.

또한 장기적으로 학습에 대한 내재적 동기가 꼭 필요합니다. 학습을 해야 하는 이유, 원하는 학습을 이루었을 때의 성취감 등을 통해 공부 자체가 지루한 것만은 아니라는 인식이 필요합니다.

편집자 선생님, 목표를 세우기 힘든 학생들은 선생님이나 부모님과 목표를 함께 세워야 하나요? 그럼 또 수동적으로 되는 거 아닐까요?

김은영 어른들도 스스로 목표를 세우기 힘들다는 생각이 들면 유명한 연사의 강의를 찾아서 듣거나 책을 읽고, 멘토가 될 만한 인생 선배들을 찾곤 하지요. 학생들도 목표를 세우는데 어려움이 있다면 이를 도와줄 만한 선배 또는 어른이 필요하다고 생각해요.

"네가 뭘 좋아하는지 같이 생각해 보자."

가장 좋은 사람은 가까운 곳에서 학생들을 꾸준히 지원해 줄 수 있는 부모님이겠죠. 학습이나 진로 목표와 관련해 평소 부모님과 아이가 자주 소통하는 것이 필요해요.
"중학교 1학년 자유학기제가 있으니 네가 뭘 좋아하는지 같이 생각해 보자."라고 부모님이 먼저 제시하고 아이와 같이 필요한 정보를 검색해 보거나 서점에 들를 계획을 세울 수도 있어요. 그리고 주말이나 휴일에는 아이가 관심 갖는 분야로 체험 활동이나 견학을 신청할 수도 있어요. 평소에 공부 얘기 외에도 부모님이 아이의 이야기에 귀 기울여주고, 서로 친밀한 관계가 잘 형성되어 있어야 합니다. 그렇지 않으면 부모님이 이야기를 꺼냈을 때 아이가 잔소리라고 생각하며 소통을 거부할 수 있고 도움이 필요할 때도 부모님에게는 쉽게 말을 꺼내지 못할 수도 있거든요.

김선미   중학교에서 고등학교로 진학할 때, 과학이나 외국어에 관심 있는 학생은 특목고로, 공학이나 상업계열, 방송 쪽으로 관심 있는 학생은 특성화고로 진학하기 때문에 제가 근무하는 일반계 고등학교는 보통 대입을 준비하는 학생들이 많아요. 한 반에 25명의 학생 중 자신이 정한 정확한 목표가 있는 학생은 1/3 정도로 목표는 전공일 수도 있고 대학일 수도 있어요. 특이한 건 예전에는 모든 학생이 대학에 가려고 했어요. 그런데 요즘은 대학에 안 가고 싶어 하는 학생들이 조금씩 늘어나는 것 같아요. 한 반에 1~3명 정도는 대학 진학이 아닌 고등학교를 졸업하는 게 목표예요. 나머지 2/3의 학생들은 고등학교 과정에서 자신의 진로 진학을 찾습니다. 상담할 때, 자신의 진로가 명확하지 않을수록 오히려 공부 계획과 목표를 제시하죠. "네가 뭘 좋아하고 뭘 잘하는지 아무것도 모를 때에는 공부하는 게 제일 쉽고 보편적이란다."라고요. 일단 다양한 공부를 하다 보면 좋아하는 게 생길 거고 그때 그것과 연결 지어 진로를 정해도 되니까요. 저는

똥멍청이가 되었어요

성적에 맞춰서 대학에 가는 것도 나쁘지 않다고 생각해요.

김은영　학습 목표를 설정할 때는 작은 부분이라도 아이가 스스로 선택하는 게 중요해요. 케이블 채널의 육아 고민 해결 프로그램을 보면 아직 초등학교 입학 전인 어린아이에게도 자신이 어떤 일을 끝내야 할 때 그 일을 언제까지 끝낼 것인지 직접 시간을 정하도록 선택권을 주는 모습을 볼 수 있어요. 스스로 결정했을 때 아이들은 더 적극적으로 참여하고, 반감을 가지지 않아요. 그러니 작은 목표 한 가지를 정하더라도 아이와 충분히 대화하고 아이의 생각을 많이 존중해 주세요.

목표가 반짝일 때 돌진하는
'집중력' 우주선

편집자　목표가 생기면 그것을 향하는 집중력이 생겨요. 그런데 집중력의 지속 시간이 다를 뿐, 누구나 자기가 좋아하는 걸 할 때는 초집중하지 않나요? 집중력에 대해 고민하거나 또는 잘 해결한 학생들의 이야기 좀 들려주세요.

김선미　저는 학생 상담을 할 때 집중력에 대해 질문하는 친구들에게 이렇게 말해 줘요.
"시간을 많이 투자해야 집중력이 생겨."

"집중력이 생기려면 시간 투자를 많이 해야 한다고 생각해요."

한 열 시간 정도 앉아 있어야 한 시간 정도의 집중력이 생기는 거 같아요. 한 시간을 열 시간처럼 쓰기란 쉽지 않죠. 저는 집중력이 생기려면 시간 투자를 많이 해야 한다고 생각해요.

운동하는 학생이 공부를 잘하고 싶은데 어떻게 하면 좋겠는지 상담하러 온 적이 있었어요. 태권도를 하는 학생이었는데, 보통 운동을 하는 학생들은 다른 학생들이 공부할 시간에 운동을 했기 때문에 기초 학력이 부족한 경우가 많습니다. 예전엔 운동만 하면 대학도 가고 실업팀도 갈 수 있었는데 요즘엔 학교 출석과 성적도 대입에 반영되다 보니 부족한 공부를 해야만 하는 상황이 생깁니다. 저는 학생에게 거꾸로 물었어요.

"선생님이 태권도 사범이 되고 싶어. 무엇을 해야 하니? 한 달 안에 사범이 되는 게 가능하니? 공부도 마찬가지야. 한두 달 공부 좀 한다고 해서 원하는 결과가 나오지 않아. 아마 2~3년 정도 목표를 잡고 해야 할 거야." 아이는 제가 말하는 의도를 이해했고, 하루에 30분씩이나마 국어 공부를 하기로 했어요. 그러나 결심이 약해졌는지 잘 못하겠다고 다시 찾아왔어요. 그래서 둘만의 계획을 세웠죠. 일주일에 한 번씩, 일주일 동안 공부한 문제집에 제가 사인을 해 주는 거예요. 그 학생은 한 학기 내내 자신과의 약속을 해내더라고요. 성적이 눈에 띄게 올랐냐고요? 글쎄요. 상위권 성적의 아이들은 하루에 학교 수업 외에도 여섯 시간 이상 공부하는데, 방과 후면 운동을 하러 가고, 운동이 끝나면 온몸의 체력을 다 쓴 아이가 앉아서 또 공부를 한다는 건 쉽지 않잖아요. 여러 방법을 찾다가 운동을 가기 전 시간을 이용해 공부하더니 점차 수업 시간에 엎드리는 시간이 줄고, 설명하는 내용의 필기를 따라오게 된 변화가 있었어요. 제가 생각하는 큰 변화는 만약 운동을 못 하게 되는 상황이 되어 다른 길로 진로를 바꾸게 될 때 공부하는 습관, 공부하는 방법을 알게 된 것이 아닌가 하는 생각이 듭니다.

집중력과 실력은 기본적으로 많은 시간이 필요합니다. 그 시간까지 끌고 가는 것은 의지고 그 의지는 자신의 선택일 경우에 가능해요. 한 가지 더! 아이가 선택의 순간에 섰을 때, 스스로 선택할 수 있도록 격려하고 지지하고 실패했을 때 곁에서 공감해 주는 사람. 그 사람이 부모님이라고 생각합니다.

편집자 집중력을 높이는 연습 방법이 있을까요?

최대철 앉아 있는 시간을 늘리는 훈련을 하면 좋겠어요. 스톱워치를 써서 공부 시간을 체크하고 조금씩 늘려가는 거죠.

"동기가 주어져도 궁둥이를 붙이고 앉아서 버텨낼 힘이 없으면 소용이 없어요."

똥멍청이가 되었어요

집중력을 늘리려면 시간을 투자하는 수밖에 없어요.

외부적인 동기가 아무리 주어져도 궁둥이를 붙이고 앉아서 버텨낼 힘이 없으면 소용이 없어요.

우리 학교에도 수업 시간에 앉아서 버티는 걸 힘들어하는 학생들이 운동부를 지원하는 경우가 있었는데, 운동 역시 집중력과 끈기가 필요하다는 것을 알고 둘 다 포기한 경우를 많이 봤습니다. 앉아서 버티기 힘들어하는 학생들을 관찰해 보면, 빠른 자극 예를 들어 짧게 만들어진 유튜브 영상 등을 반복적으로 보거나 자극적인 게임을 많이 하는 등의 환경에만 익숙한 경우가 많아요. 이런 학생들은 5~10분 버티기도 힘들어합니다. 가정에서 불가피하게 보는 수많은 미디어도 어느 정도 조절되어야 합니다.

김은영 집중력을 높이려면 먼저 집중에 방해되는 것들을 다 치워야 한다고 생각해요. 주변 정리가 매우 중요해요. 특히 요즘처럼 온라인 수업을 하는 상황에는 학생들이 수업을 듣는 기기 외에 휴대폰을 사용하거나 다른 인터넷 창을 열지 않도록 미리 깔끔하게 주변을 정리해 두는 것이 아주 중요합니다.

"어떤 학생은 글을 써야 집중이 되고, 어떤 학생은 내용을 소리 내어 읽어야 집중이 된대요."

또 집중력과 관련해 학생들은 자신의 특성을 잘 파악해서 가장 효과적인 방법으로 공부를 하려고 노력해야 해요. 어떤 학생은 글을 써야 집중이 되고, 어떤 학생은 내용을 소리 내어 읽고 자기 귀로 그 말이 들어가야 집중이 된대요. 사람마다 집중이 잘 되는 방식이 달라서 학생들이 어릴 때부터 다양한 방법을 시도해 보며 자신에게 가장 잘 맞는 방법을 일찍 찾으면 좋겠어요.

또 앞에서 메타인지에 대한 이야기를 했었는데, 학습은 내가 그 내용을 다른 사람에게 막힘없이 설명할 수 있을 때 온전히 이루어진 것이라 할 수 있어요. 제가 교사가 되기 위해 임용고시를 쳤을 때도 고득점을 받은 친구들을 보면 대부분 자기가 공부한 내용을 글로 쓰거나 말로 설명하는 연습을 많이 하더라고요. 저는 글로 쓰면 손이 아프고 말로 설명하면 목이 아파서 컴퓨터 타자로 정리하는 방식을 자주 택하곤 했어요.

똥멍청이가 되었어요

오 마이 갓, 블랙홀!
아이의 자기주도 학습, 장애물 등장

편집자 학생들의 자기주도 학습을 방해하는 것들은 무엇이 있나요?

최대철 "오늘은 어디까지 했니? 안 했니?" 이렇게 확인하는 거 안 하셨으면 좋겠어요. 아이의 감정을 건드릴 수 있어요. 아이가 한 만큼만 받아주시고, 계속 격려와 시지를 보내 주세요.

"감시가 아닌 관찰이 필요합니다."

또한, 부모님 입장에서 염려되는 건 이해되지만, 중학교 아이들은 학습 이외에도 신경 쓰는 부분이 많아요. 예를 들어 친구 관계가 조금 어긋나도 학습 자체에 큰 영향을 받습니다. 아이의 감정을 중심으로 학습을 방해하는 것이 있진 않은지 관찰해 주세요. 감시가 아닌 관찰

로요. 관찰한 내용을 토대로 대화하면 좋겠어요.

편집자   아이의 학습 능력과 감정에 어떤 연관이 있는 건가요? 아이들의 감정을 굉장히 중요하게 생각하시는 것 같아요.

최대철   저는 아이들의 감정이 학습 능력에 큰 영향을 미친다고 생각해요. 부모와 자식은 서로 좋을 때도 있고, 나쁠 때도 있어요. 그런데 학습을 매개로 하는 관계만큼은 서로 약간의 예의가 필요하다고 생각해요.

"학습에 대해 대화를 하다가 감정이 상할 때에는 잠깐 멈추셔야 해요."

학교에서 선생님과 학생의 관계도 사실은 학업이라는 같은 목표를 향해 서로 한 발짝씩 양보하고, 감정이 상하지 않게 늘 서로 입장을 조율하고 있어요. 학생들은 학교에서 공부하고, 학원생활도 하는데, 집에서 또 공부해야 하는 삼중고에 시달려요. 학생 입장에서는 어른들이 자꾸 뭔가를 하라고 해요. 오늘 하루가 계속 그렇게 돌아가는 거죠. 학생도 자기만의 시간이 필요해요. 게임도 하고 친구와 메시지도 주고받고 싶어요. 원격 수업도 마찬가지예요. 부모님이 보기에는 학교에 안 가서 공부를 덜 하는 것 같지만 사실 학생들에게는 하나의 과제가 주어진 거예요. 부모님과 학생이 서로 감정을 공유하다가 학습에 있어서 대화를 할 때 감정이 상할 때에는 잠깐 멈추셔야 해요. 학생이 부모님께 "오늘은 여기까지만 하고 싶어요."라고 편하게 말할 수 있을 정도로 서로 발전해야죠.

중학교 때 학습에 대한 기억과 결과가 안 좋은 친구들은 고등학교에 진학해서 공부를 안 하려고 해요. 공부는 고등학교에 가서 하는 게 정말 중요해요. 그래서 중학생에게는 다그치거나 선행을 강요하지 않았으면 좋겠어요.

"중3 겨울방학 때부터 선행을 조금 해 봐."

"영어, 수학 둘 중에 네가 편안한 과목부터 시작해 봐"

라고 편안한 감정을 느끼게 해 주면 좋겠습니다.

김선미 자기주도 학습을 망치는 건 부모님의 목표와 학생의 목표가 서로 다른 경우인 것 같아요. 목표가 다를 때에는 학생에게 주도권을 줘야 해요.

예를 들어 학생은 대학에 안 가고 싶고, 부모님은 학생이 대학만큼은 가면 좋겠다고 생각한다면 강요하기보다는 서로 타협하는 과정을 거치면 좋겠어요.

"삶을 공포와 짐으로 느끼지 않게 해 주세요."

그리고 공포심은 자기주도 학습에 전혀 도움이 되지 않아요. 아이들에게 공포심을 심지 마세요.

"너 그렇게 살면 나중에 힘들어져."

"체력이 그렇게 안 좋은데 경찰이 되고 싶다고?"

"회계사가 되고 싶다고? 그럼 공부를 엄청 많이 해야지."

사람이 세상을 살아가는 게 얼마나 힘든 건지, 삶을 공포와 짐으로 느끼지 않게 해 주세요. 학생이 좋아하는 것 한 가지를 격려하고 지지하셔서 학생이 긍정적인 감정을 바탕으로 자기 주도로 공부하는 게 제일 좋아요.

부모님이 생각하는 것 이상으로 학교는 학생들을 압박하고 있어요. 담임선생님은 학생과 상담할 때 성적에 대해서 현실적으로 얘기하죠.

학생 입장에서는 상처받을지도 몰라요. 그런데 학교 선생님이기 때문에 화도 못 내고 반발도 못해요. 억울하지만 끝까지 듣고 있는 거죠. "네, 선생님. 죄송합니다." 이렇게 하고 집에 오는데 집에서 부모님이 학생을 또 다그치면 학생은 설 곳이 없어요. 사실 학생의 진로도 진로 과목 선생님이 많이 가르쳐 주세요. "무슨 무슨 학과는 성적이 이 정도 되어야 해."

부모님께서 자기주도 학습이 가능한 아이로 키우고 싶다면 어린 시절부터 아이의 목표와 부모님의 목표가 서로 합의하는 과정을 만들어가면 좋겠어요. 그리고 아이가 세상을 긍정적으로 바라볼 수 있게 서로 좋은 감정을 나누고 격려로 아이에게 접근하면 될 것 같아요.

김은영 부모님이 아이를 온전히 통제하려고 하는 태도는 아이에게 긍정적인 영향을 줄 수 없어요.

"학습 과정은 즐거우면 즐거울수록 좋아요."

어떤 문제가 있을 때 시간이 걸리더라도 아이가 스스로 해결할 수 있게 옆에서 도와주고, 묵묵히 지켜봐 주세요. 절대 다그치거나 강요하지 마세요. 그건 억압이 될 수 있어요. 학습 과정은 즐거우면 즐거울수록 좋아요. 답답하더라도 아이가 무언가를 해냈을 때 함께 기뻐하며 칭찬해 주면 아이는 큰 자신감을 얻고 적극적으로 도전하는 자세를 가지게 될 거예요.

최고의 내비게이션
핵심 파악

편집자   학생이 방대한 지식을 습득하면서 그 속의 핵심을 파악하는 게 자기주도 학습에 중요하다고 김은영 선생님께서 의견을 내주셨어요.

김선미   국어는 일단 책을 많이 읽어야 해요.

"수능의 독서 파트 즉 비문학 지문만 모아놓은 문제집들을 이용해서 읽는 것도 추천합니다."

가능하다면 다양한 분야의 책을 읽으면 좋겠어요. 그러나 그것이 여의치 않다면 수능의 독서 파트 즉 비문학 지문만 모아놓은 문제집을 이용해서 읽는 것도 추천합니다. 독서 문제집은 인문, 사회, 경제, 예술, 과학, 기술 등의 다양한 분야를 다루고 있어요. 이런 지문들을 하루에 몇 장씩 꾸준하게 푸는 과정을 통해 지식을 쌓는 거죠. 지문 속의 내용을 내 배경지식으로 만들고, 문제를 푸는 방법도 알 수 있어서 일석이조예요. 그렇지만 독서를 이길 수는 없어요. 배경지식이 넓어질수록 독서의 깊이와 확장은 더욱 가속화될 테니까요. 고등학교 수업도 그렇지만 대학도 학생들을 선발할 때 수학적 지식, 인문학 지식, 과학적 지식, 사회적 지식 등 폭넓은 지식을 갖춘 학생을 원해요.

편집자 영어에서 핵심을 파악한다는 건 어떤 의미인가요? 영어도 국어처럼 핵심 내용이나 문장을 찾으면 되나요?

김은영 시험용 영어는 문제를 빨리 푸는 기술이 있어요. 대부분의 문제가 화자가 글에 드러낸 의도를 파악하고 관련 문제를 푸는 형태이기 때문에 국어 시험과 마찬가지로 핵심 문장을 빠르게 찾아내는 기술과 능력이 필요해요. 주로 주요한 접속사나 반복되는 어휘를 중심으로 글을 빠르게 읽으면 핵심 문장을 찾아낼 수 있습니다. 그래서 국어 능력이 높은 학생들은 보통 영어도 잘하는 경우가 많죠. 만약 국어는 아주 잘하는데 영어 성적이 너무 안 나온다면 어휘가 부족해서 그럴 확률이 높아요.

김선미 그러고 보니 국어도 영어처럼 어휘가 부족한 학생들이 학습에

어려움을 호소합니다. 예를 들면 이육사의 「절정」이라는 시를 배우는데

「매운 계절의 채찍에 갈겨 / 마침내 북방으로 휩쓸려 오다.」에서 '북방'이 무엇이고, 어디인지를 몰라 시 감상이 안 되기도 하죠. 국어 어휘가 부족하니까 문학 작품을 이해하기 어렵죠. 어려서 책과 글을 가까이했다면 자연스럽게 어휘를 익힐 수 있는데, 만약 고등학교에 올라와서 부족하다고 생각된다면 어휘만 정리된 책도 있으니 활용하는 것도 좋을 듯합니다.

최대철 수학은 문제 풀이 과정을 직접 써 보는 게 핵심 파악에 제일 큰 도움이 되는 거 같아요. 풀이 과정을 쓰다 보면 어디에서 틀렸는지 알 수 있고 그 부분만 수정해서 다시 풀면 되거든요. 중학교까지는 수학 개념이 다양하지 않아서 문제 풀이를 통해 습득할 수 있어요.

"틀린 문제 풀이 과정을 직접 써 보면 실력이 늘어나요."

학생들이 제일 힘들어하는 게 한 문제를 풀기 위해 두 번, 세 번의 추가 풀이 과정이 포함된 거예요. 개념이 엮일 수도 있고 다른 개념들이 섞일 수도 있는데, 풀이 과정을 써 보면 스스로 개념 정리를 할 수 있어요. 한 문제 안에 여러 개의 개념이 포함된 문제를 상중하 중에 상

으로 보거든요. 틀린 문제를 복습하면서 풀이 과정을 써 보는 게 더디게 느껴질 수도 있지만 반복하다 보면 어느 순간 수학의 핵심도 파악하고 실력도 확 늘어나요.

편집자 아이가 초3 수학 시험지를 가져왔는데 한 문제를 풀기 위해 여러 개의 연산 개념을 거치게 되어 있더라고요. 아이에게 말은 못 했지만 꽤 어렵다는 생각에 깜짝 놀랐어요.

최대철 수학 평가의 경우 문항 개수는 줄고, 단순한 한 문제가 아니라 두세 가지의 개념을 섞어서 출제하도록 방향이 변했어요. 하나의 개념에서 막혀버리면 그다음 풀이를 할 수 없기 때문에 학생들은 그 문제 자체를 포기할 수밖에 없어요. 직접 풀이 과정을 쓰는 연습을 통해 내가 어느 개념에서 막혀 있는지 확인하는 것이 필요합니다.

"수학은 논리를 수학적인 기호로 정리해서 표현한 학문이에요."

요즘 수학 문제를 풀이 과정 없이 눈으로 푸는 학생들도 많아요. 학원은 문제 풀이 기술 위주로 학습을 시키다 보니까 "이 숫자를 여기다 대입해."라고 가르치더라고요. 이렇게 기술을 배우면 당장 학교 내신은 향상될 수 있지만 멀리 봤을 때 수능은 어려울 수 있어요. 수학은 논리를 수학적인 기호로 정리해서 표현한 학문이에요. 문제 풀이에 초점을 맞추기보다 개념을 하나하나 잡기 위해 노력하면 성취감이 크고, 얻어지는 것들이 많아요.

예를 들어, 함수 부분은 단순 대입해서 문제를 풀기보다 함수의 기본 표현 방법, 함수의 그래프, 그래프의 해석을 어떻게 하는지 등을 생각하면서 학습하면 좋을 것 같습니다.

수학은 인생에서 중요한 의미가 있어요. 살아가면서 어떤 문제에 부딪혔을 때 수학적인 방법으로 사고하고 노력하는 태도가 인류를 이렇게 발전시켜 왔어요. 수학은 인류와 개인이 부딪쳐온 문제의 논리적인 해결 방법을 함축시켜 놓은 학문이에요. 학생과 부모님들은 단순히 시험을 잘 보기 위한 수학 공부가 아니라 인생의 논리적인 태도를 기르기 위한 바탕이 되는 수학이라는 걸 인지하면 좋겠습니다.

김선미　디지털 미디어 시대예요. 모든 게 전산화되어 있죠. 미술과 음악에 접근할 때도 수학적인 방법을 많이 사용하더라고요. 저희 아이들이 종이접기를 좋아하는데 수학 교사인 남편이 아이들의 종이접기 과정을 보더니 프랙털Fractal 도형이래요.

수학이 일상과 멀리 떨어져 있는 것 같지만 사실은 예술 분야에도 깊이 들어와 있어요. 이런 걸 놓치고 시험 위주의 수학으로 접근하는 게 안타까워요.

지구인의 지혜
'아는 것과 모르는 것'을 구분하는 메타인지

편집자　우리의 대화에서 여러 번 나오는 이야기 중에 하나가 바로 메타인지예요.

김은영　'메타인지'는 자신이 아는 것과 모르는 것을 자각하여 스스로 문제점을 찾아내고 해결하면서 자신의 학습과정을 조절하는 능력이에요. 저는 자기주도 학습에서 이게 제일 중요하다고 생각해요.

"배운 내용을 내 언어로 자신 있게 설명할 수 있을 때 확실히 이해가 된 거예요."

초등학생들의 경우 학생마다 수준의 차이는 있겠지만 단원의 주제와 학습 목표를 중심으로 배운 내용을 자신의 언어로 쭉 설명할 수 있다면 "나는 이걸 알고 있어."라고 충분히 말할 수 있는 상태예요.

그런데 학생이 말로 설명하는 중에 머릿속에서 순서가 정리가 안 되고 말문이 막히는 순간이 오면 그 부분의 지식은 내 안에서 아직 구조화가 안된 거예요. 즉 보충이 필요하다는 의미죠.

배운 내용이 머릿속에서 정리가 되어 있고 내 언어로 자신 있게 설명할 수 있을 때 확실히 이해가 된 거예요. 이런 연습이 안된 학생들은 내가 지금 무엇을 이해했고, 이해하지 못했는지 확실히 알지 못해서 계속 공부는 하지만 자신의 실력이 어디쯤 와 있는지 파악하기 어려워요. 그렇게 되면 학생이 자신의 실력에 대해 자신감과 확신을 갖기도 힘들뿐더러 공부 계획을 세우기도 어려워요. 모르는 부분은 보충 공부를 충실히 하도록 더 많은 시간을 할애하고, 잘 아는 부분은 빠르게 넘어가야 하는데 메타인지가 발달하지 않은 학생들은 그런 계획을 세우지 못해 공부 시간의 효율이 떨어지게 되죠.

최대철 저도 메타인지가 정말 중요하다고 생각해요. 모르는 걸 알아야 거기서부터 학습이 시작되는 거예요. 수학을 예로 들면 초등학교 4학년 때 통분이 나오거든요. 여기에서부터 막히면 중학교, 고등학교 수학을 쌓아 올릴 수 없어요. 자신이 어디에서 막혀 있는지 정확히 알면 거기가 바로 학습의 시작점이에요. 이런 게 메타인지라고 생각합니다.

똥멍청이가 되었어요

편집자　어른들은 아이를 위해 무엇을 하면 되나요?

최대철　아이의 학습 진단을 함께 해야죠. 사실 가정보다는 다른 곳에서 하는 게 좋을 것 같아요. 수학은 단원별로 되어 있어요. 초등학교 수학부터 시작해서 어디에서 막혔는지 찾아내세요. 그걸 찾아서 그 부분의 문제들을 반복 학습하여 반드시 해결한 후에 다음 단원으로 넘어가야 해요.

편집자　엄마들은 내 아이가 점프하기를 원할 수도 있어요. 모르는 걸 넘어가더라도 지금부터 잘하면 된다는 마음이죠.

최대철　수학은 절대 안 된다고 알려드리고 싶어요.

김선미　국어는 만만한 것 같은데, 의외로 성적을 올리기 까다로운 과목이기도 해요. 왜 그럴까 생각해 보았는데, 그건 내가 아는 것과 모르는 것의 경계선을 잘 모르기 때문인 것 같아요. 글을 다 읽었는데 내용 정리가 안 되는 거죠.

"글을 읽고 자기 말로 설명할 수 있어야 하고, 중심 문장을 손으로 쓸 수 있어야 해요."

김은영 선생님 말씀에 굉장히 공감해요. 글을 읽고 자기 말로 설명할 수 있어야 하고, 중심 문장을 손으로 쓸 수 있어야 해요. 그렇게 할 수 있다는 것이 내용을 파악하고 있다는 거죠. 그다음부터는 많이 읽은 사람을 이길 수가 없어요. 백 권 읽은 사람과 열 권 읽은 사람은 분명히 차이가 나요. 그런데 내용을 이해 못 하는 상태에서 백 권을 읽는 건 의미가 없어요. 그건 끝까지 아무것도 모르고 읽는 거예요. 자신이 글을 읽고 중심 내용과 그 근거들을 손으로 쓰거나 말로 표현할 수 있는 게 중요합니다.

7단계

P.S 미스터리
'랩몬이나 아이유는 왜 공부하지?'

편집자 대학이나 직업이 공부의 목표가 될 순 있지만, 목적이 될 순 없어요. 목표와 목적은 분명히 다르죠. 목표는 장거리 달리기로 비유해 보면 구간 구간의 포인트 같아요. 목적은 최종 도착점이고요. 공부를 왜 해야 하는지 짚어 볼까요?

김선미 대학 입시를 학습의 목표로 두게 되면 문제가 되는 것 같아요.

"공부가 좋은 대학에 가기 위한 도구라면 초1부터 고3까지의 12년이라는 내 인생도 결국 대학에 가기 위한 도구밖에 안 되는 거예요."

대입에 필요한 건 공부하고 필요 없는 공부는 안 하면, 결국 공부나 학습은 대학에 가기 위한 도구로만 사용되는 거잖아요. 공부가 좋은 대학에 가기 위한 도구라면 초1부터 고3까지의 12년이라는 내 인생도 결국 대학에 가기 위한 도구밖에 안 되는 거예요. 학생들과 부모님들을 지켜보면서 이게 항상 안타까웠어요.

교육은 개인의 자아실현과 사회적 인간으로서 공동체를 발전시키기 위해서 존재한다고 생각해요. 특히 저는 개인적으로 교양을 갖추기 위해서, 사회적 합의를 이룰 힘을 기르기 위해서라고 생각해요.

'나는 내 아이에게 왜 교육을 하는 걸까? 나는 왜 교육을 받은 걸까?' 사람과 사람, 사람과 사회집단, 사회집단과 국가 사이에는 반드시 문제가 일어나요. 그러한 문제를 지혜롭게 풀어가려면 다양한 시각과 다양한 방법들이 필요하죠. 만약 사람이 공부하지 않고 그런 문제 해결의 방법을 모른다면 이 세상은 약육강식처럼 힘이 강하거나, 지식을 독점한 사람들에 의해 좌지우지되는 사회가 될 거예요. 금수저로 태어난 어떤 특별한 계층이나 계급만 부러워하면서 평생 살아야 하죠. 그렇게 되어선 안돼요. 사회적 합의를 이룰 수 있는 더 많은 교양을 갖춘 사람들이 있어야 다 함께 살기 좋은 사회를 만들 수 있다고 생각합니다. 결국 대화라는 것도 서로 수준이 맞아야 하잖아요. 특히 이권이 서로 부딪히는 사회 문제를 풀어가는 대화에서는 더더욱 일정 수준 이상의 교양이 필요해요. 지식이 한쪽으로 쏠려 있고 누군가 그걸 독점하려고 한다면 어떻게 공정한 사회를 만들 수 있겠어요? 교육의 목적은 공정한 사회를 만들고, 사회적 합의를 이루기 위함이라고 생각해요.

김은영 저는 교육의 목적이 인간의 자존감과 행복감이라고 생각해요.

"자기 자신과 삶에 대한 만족감을 높이기 위해 끊임없이 배우고 노력하는 것 같아요."

메슬로우Abraham Harold Maslow의 「욕구 단계 이론」을 보면 자아실현이 가장 위에 있어요. 생존 욕구와 사회적 욕구가 충족되고 나면 사람들은 자아실현을 꿈꾸게 됩니다. 자기 스스로 멋지다고 생각하는 삶을 살기 위해 노력하게 되지요. 또 남들과는 다른 나만의 개성, 나다움을 실현하고자 하는 마음이 커지고요. 자아실현을 위해 노력히 는 과정에서 사람들은 자기 자신과 삶에 대한 만족감을 높이기 위해 끊임없이 배우고 노력하는 것 같아요.

공부는 아이들만 하는 것이 아니라 어른들도 죽을 때까지 해야 해요. 제가 말하는 공부는 꼭 책상에 앉아서 책을 보는 것만이 아닙니다. 노래를 부르거나 악기를 연주하고, 새로운 세상을 여행하고 탐험하는 것도 모두 공부이지요. 새로운 것을 배워나갈 때 사람들은 멈춰있지 않고 계속 성장하며 자신의 삶 속에서 큰 즐거움을 느낄 수 있습니다.

최대철   저는 배움이 인간의 본능 같아요. 자신이 끌리는 게 있으면 하다못해 인터넷 검색이라도 하잖아요. 이것도 어떤 의미의 학습이라고 생각해요. 사회적으로 성공한 사람들을 보면 자신이 끌리는 것이 생겼을 때 스스로 만족할 때까지 공부하고 노력한 사람들이에요.

"관심 있는 무언가를 찾아서 알아내는 게 인간의 본능 같아요."

인간은 죽기 전까지 배움을 멈출 수 없을 것 같아요. 꼭 무언가를 이루거나 누구를 이기기 위해서가 아니라 관심 있는 무언가를 찾아서 알아내는 게 인간의 본능이라는 생각을 많이 했어요. 저는 그중의 한 부분이 학창 시절의 공부와 학습이라고 생각해요. 학창 시절의 학습은 인생 전반에 영향을 준다고 생각하고, 본인만의 효율적인 학습 방법을 찾아서 익숙해질 때까지 반복적으로 교과를 포함한 다양한 공부를 해 보는 노력이 중요합니다.

편집자   '아는 만큼 보인다.'라는 말이 있어요. 많이 보고, 제대로 보려면, 깊이 생각하고 정확히 판단하려면 한 인간이 자기 자신을 학습하고 훈련하는 건 중요한 과정인 것 같아요.

김선미   최대철 선생님 말씀을 들으면서 생각해 보니까 우리는 항상 공부하고 있네요. 음악을 들으면서, 인터넷 검색을 하면서, 미술관에서 작품을 관람하면서 지식과 지혜에 귀를 기울이고 있어요. 매일, 매 순간이 배움의 연속이네요.

3부

미래의 어른
vs
지금의 어른

—

미래의 어른과 지금의 어른이 함께
행복할 수 있을까?

—

코로나, 코로나 사촌이 와도
끄떡없는 인간 교육

1

미래 공포
함께 극복하기

편집자　대화를 진행하면서 저는 아이들을 미래의 어른으로 바라보게 되었어요. 어떻게 보면 미래의 어른과 지금 어른의 대립인 것 같기도 하고, 좌충우돌 맞추는 과정이기도 하고, 서로 협력하고 싶은 든든한 동반자인 것 같습니다. 이 책의 마무리가 될 것 같아요. 코로나 유행, 또는 코로나 사촌이 와도, 어떤 환경의 변화에도 흔들림 없는 인간 교육과 학습에 관해 이야기 나눠보겠습니다.

김선미　며칠 전에 강연을 하나 들었어요.

(달라진 시대! 새로운 생존 비법! - 조승연(작가) [온드림스쿨]

https://www.youtube.com/watch?v=xDBkvIB55wI)

요즘 초등학생이 되고 싶은 직업 1순위가 유튜버래요. 그런데 강사는 초등학생이 경쟁력을 갖출 때쯤에도 이 플랫폼이 존재할지는 아무도 모른다고 말했어요. 한 시대가 저물면 새로운 길이 반드시 열린다며, 지금의 위치에서 미래를 판단하려고 하지 말고, 끊임없이 새로운 걸 찾아내는 능력을 기르라는 내용의 강의였어요.

현재에 머물러 있는 시각으로 미래를 바라보니까 모든 것이 막연하고 두려운 건 아닐까요?

아이들과 함께 부모님들도 미래에 대한 새로운 안목과 더 넓은 마음을 가지면 좋겠어요.

편집자   아이들은 열심히 탐색하고 있을 것 같아요. 잡프러포즈 시리즈 중 『재미있게 살고 싶다면 예능피디』에서 신정수 감독님이 하신 말씀이 생각나요. 아이들은 미래를 읽는 힘이 있대요. 아이들을 관찰하다 보면 미래에 무엇이 유행하고 미래가 어떻게 전개될지 보인다고 하더라고요. 예능피디로서 항상 아이들의 관심사를 주시하고, 아이들의 생각을 읽기 위해 노력하신대요.

김선미   저는 부모님과 아이들이 싸우는 게 공포 때문이라고 생각해요.

"아이들은 부모님이 가진 기준과 사고방식을 자신에게 강요할 경우 맹렬히 저항할 수밖에 없어요."

애가 이렇게 살면 인생을 망칠 것 같고, 그 탓은 오로지 부모의 무능 때문인 것 같고 너무 괴로운 거죠. 이 책을 읽는 부모님 세대의 사고방식을 아이들에게 주입하려고 하니까 충돌하는 건 아닐까요? 아이들은 부모님이 가진 기준과 사고방식을 자신에게 강요할 경우 맹렬히 저항할 수밖에 없어요. 그 저항이 분출되는 거면 그나마 안심인데, 무기력으로 나타나는 것이 두렵습니다.

'현실을 보자. 세상은 바뀌었고 변했다. 계속 변하고 있다. 인정할 건 인정하자.'면서 마음의 유연성을 가질 필요가 있어요. 그럼 길을 찾는 게 좀 더 쉬울 것 같아요.

코로나 유행이 사라지면 코로나 이전에 우리가 살던 생활 방식으로 다시 돌아갈 수 있을까요? 아닐 거예요. 이미 산업 자체가 많이 바뀌었고, 없어진 일자리만큼 새로 생긴 일자리도 너무 많아요. 누군가에게는 힘든 시간이지만 누군가에게는 기회의 시간이 되었죠. 엄마, 아이 모두 함께 미래 공포를 내려놓으면 어떨까요?

최대철 저도 미래 공포가 있어요. 얼마 전에 영화 <미안해요, 리키>를 보았어요. 택배 일을 하는 노동자가 택배 물건을 뺏기고 얻어맞고, 다음 날에 다시 택배 일을 하러 나가는 내용이죠. 저는 이런 영화들을 많이 봐요. 우리 아이들이 살아갈 세상이 정말 만만치는 않을 거예요. 외국 여행을 가보면 우리나라는 정말 좋은 나라예요. 국민들의 눈높이도 높아졌고요. 가끔 '눈높이를 뒷받침할 수 있는 마음의 여유나, 개인의 경제력이 모두에게 있는 걸까?'라는 생각을 해요. 이상은 높고 현실은 뒤처져 있으면 꿈과 희망을 품기 어려워요. 그래서 애도 안 낳고 결혼도 안 하는 문화로 바뀌는 것 같아요. 그렇다고 아이들이 부정적으로 살아가도록 내버려 두어서는 안되죠. 다만 어른들도 너희들처럼 미래가 두렵지만, 우리 같이 희망을 품고 좀 더 노력해 보자. 이게 저의 답인 것 같습니다.

김은영   제가 보기에는 많은 사람들이 현재를 정확하게 파악하고 자신만의 삶의 기준을 세우기보다는 미래에는 뭐가 잘나갈지 예측하고 그것을 따라가려고 하면서 불안감이 커지는 것 같아요. 예를 들어 최근 인공지능이 눈에 띄게 발전하면서 많은 학생들과 부모님들이 관련 분야로 진로 고민을 많이 하더라고요. 포털 사이트에 '인공지능이 유망하다는데 그쪽으로 진로를 정하는 게 맞을까요?' 하고 질문하는 사람들을 많이 봤어요.

그런데 전문가들은 인공지능이 미래에 유망할 것이냐 아닐 것이냐 예측하는 것은 의미가 없다고 하더군요. 전구가 개발되어 전기 관련 산업이 발전하고 세상이 바뀐 것처럼 인공지능은 이미 개발되었고 우리 생활 속에 보편화되었기 때문에 앞으로는 그것이 어떻게 활용되어야 우리 생활에 더 많은 도움이 될지 고민하는 것이 더 바른 질문이래요.

"미래를 예측하기보다 본인의 성향을 잘 파악하고 자신만의 삶의 방향, 목표를 설정하여 변화하는 게 바람직한 것 같아요."

그러니 학생과 학부모들도 "미래엔 이 분야가 뜰 것 같으니 이쪽으로 진로를 택해야겠어." 생각하고 자신의 예측이 맞을지 불안해하기보다 본인의 성향을 잘 파악하고 자신만의 삶의 방향, 목표를 설정하여 변화하는 사회 속에서 적용해 나갈 수 있는 방법을 찾아나가는 것이 훨씬 바람직하다는 생각이 듭니다.

김선미　최근에 『공포의 문화』라는 책을 읽었어요. 언론과 기업, 정치가 막연한 공포심을 조장하여 이득을 취하려 한다는 내용이죠. 나쁜 놈들이라며 화나시죠? 그런데 때로는 우리가 공포를 이용해 교육을 하려고 하는 것 같아요.

"너 공부하지 않으면 대학에 못 가서 사회의 낙오자가 된다."

"영어 선행은 초등 저학년 때 안 해놓으면 나중에 따라잡기 어렵다."

마치 인생이 끝날 것처럼, 다시 일어나지 못하는 것처럼 학부모님 마음에, 학생들의 가치관에 공포를 심어 놓죠. 미래에 대한 공포가 교육산업 마케팅에 이용되고 있다는 사실 하나만 인지하셔도 덜 휩쓸릴 것 같아요. 지금 이 정보가 정말 내게 필요한지, 아니면 어떤 상업적 이유로 주어진 건지 인지하시면 좋겠어요. 막연한 미래가 아니라

'지금 현실을 어떻게 잘 살아갈까?'라는 고민이 중요해요.

편집자　베스트셀러 중에 '평생 성적이 초등학교 4학년에 결정된다.'는 내용의 단행본이 있어요. 세 분의 선생님들은 너무 훌륭한 마음을 가지신 것 같아요. 아이들 입장에 맞추어 생각해 주시네요. 제가 전문 직업인들을 인터뷰하면서 느낀 건 직업도 한번 정해진 대로 계속 가는 게 아니라 상황에 맞춰서 여러 번 변화한다는 거예요. 예를 들면 통계 전문가가 기업 E.R.P 시스템에 많이 종사하다가, 최근에는 인공지능 분야에 진출해 있어요. 제가 질문하고 싶은 건

'결국 개인의 능력이 모든 걸 결정하는 게 아닌가?'

'시대에 맞는 대응 능력을 갖추려면 그 기반이 되는 폭넓은 지식을 전부 습득해야 하는 거 아닌가?'

'학교 성적은 모든 것의 기본이 아닐까?'

성적이 좋은 친구들은 미래 공포가 별로 없을 것 같아요. 한 가지 예로 인공지능은 컴퓨터 공학보다는 수학, 물리, 통계에 가깝다고 느꼈어요. 똑같은 코딩을 하더라도 어차피 문제 해결 능력에서 차이가 나는데, 그 해결 능력을 가르는 게 수학, 물리예요. 기법의 측면만 통계학이 적용되는 거죠.

10대에 공부를 안 해도 20대, 30대 때 정신을 차려서 다시 공부할 수 있어요. 그런데 10대에 공부하면서 어느 수준에 올라가면 당장은 그

똥멍청이가 되었어요

효과를 못 느끼겠지만, 어른이 되었을 때 미래 공포가 덜하지 않겠냐는 생각이 들었어요. 세 분의 의견은 어떠신가요?

김선미 공감해요. 제 학창 시절은 진로를 찾아가는 방법이 대학 입시한 가지였어요. 매일 밤 10시까지 학교에 남아서 공부하는 시스템이었죠. 그런데 이제는 다른 방법을 찾아보자고 말씀드리는 거예요. 학생들에게 "길은 많으니까 대학에 안 가도 돼."라는 말을 하는 교사는 없어요. 공부를 할 수만 있다면 더 많이 하고, 즐겁게 할 수 있다면 더 좋겠어요. 그래야 환경이 어떻게 변하더라도 대응 능력이 생기죠. 제가 이야기하고 싶은 건 마음을 열어주면 좋겠다는 거예요.

"공부가 아니면 다른 건 무조건 의미가 없다고 생각하지 마세요."

"나는 공부를 안 하고 다른 걸 할래요."라고 말했을 때 그걸 인정해주고 거기에서부터 연결할 수 있는 어떤 고리를 학생과 함께 찾아주면 좋겠다는 거죠. 공부가 아니면 다른 건 무조건 의미가 없다고 생각하지 말아 주세요.

최대철 저 역시 공감합니다. 예측 불가능한 미래 사회에서 10대 때 발견해낸 나만의 학습 방법은 굉장한 무기가 될 것입니다. 최근 어떤 분 인터뷰 중에 "해리포터 같은 판타지 영화에서 마법이 가장 중요한 도구여서 마법을 익히는 것이 최대의 목표이듯이, 실제 세상에서 마법과 같은 역할을 하는 것이 수학과 과학"이라는 내용이 있었는데요. 불확실한 미래를 대비하는 최소한의 도구인 수학과 과학의 학습을 통해 미래사회의 도구를 갖추는 것이 필요할 것 같고요. 그 부분이 학교 교육의 목표이기도 합니다.

김은영　저는 공부를 잘하는 학생들이 새로운 지식을 습득하는데 유리한 점이 있다는 것에는 동의하지만 꼭 학업 능력이 미래 공포를 줄여줄 것이라고는 생각하지 않습니다.

"용기와 적극성이 있는 학생들이 미래 사회에 더 잘 적응해 갈 것이라는 생각이 듭니다."

학업 능력도 중요하지만 다른 사람들과 잘 소통하고, 자신이 맞닥뜨린 새로운 문제 상황을 적극적으로 해결해 나가는 용기와 적극성이 있는 학생들이 미래 사회에 더 잘 적응해 갈 것이라는 생각이 듭니다. 당장 우리 주변을 둘러보아도 꼭 성적이 좋아야만 잘 살아가는 것이 아니라는 사실은 쉽게 확인할 수 있어요. 따라서 부모님들이 우리 아이가 미래에 잘 살아갈지 걱정하기보다는 아이가 매사에 자신감을 갖고, 할 수 있다는 용기를 가질 수 있도록 지지하고 응원해 주시면 좋겠어요.

편집자   미래 공포와 관련된 사교육에 대해 잠깐 짚어볼게요. 사교육 시장이 이렇게 커진 건 공교육으로는 우리 아이 학습이 안 될 것 같고, 그 불안감이 교사 영역으로 넘어간 현상 같아요.

김선미   저는 교사로서 교육과정에 명시된 성취 수준을 도달하는 것만으로도 교육은 충분하다고 생각해요. 그런데 사교육 시장이 커지는 이유는 경쟁해서 상대보다 더 좋은 대학에 가야 하기 때문이죠. 단적으로 말하면 공부에 소질이 없는 학생을 서울대에 보내려고 하니까 생기는 문제예요. 사교육으로 집중되는 현상은 경쟁에서 이겨야 하기 때문에 발생했어요.

김은영   저도 김선미 선생님의 생각에 동의합니다. 우리 사회는 아직 다양한 직업이 사회적으로 높은 가치를 인정받지 못하고 좋은 대학 입학과 시험 결과에 의해 결정되는 의사, 변호사와 같은 전문 직종들이 높이 평가받는 현실이기 때문에 학생들이 다양한 꿈을 꾸기 어려운 환경이에요.
공부를 잘하는 게 최고라고 여겨지는 사회 분위기 속에서 아이가 좋은 성적을 내지 못했을 때 그 불안감을 쉽게 이겨낼 부모님은 많이 없을 겁니다. 그래서 결국 많은 아이가 사교육 시장으로 내몰리는 것 같아요.

최대철 사교육의 확장은 단순한 문제는 아닌 것 같고요. 부정적으로 이야기하자면, 서열화된 대학에서 좀 더 나은 위치를 선점하려는 기본 욕구, 그 욕구를 부추기고 정당화하는 입시제도, 그 입시제도 안에서 부모로서 갖는 불안감, 그 불안감을 이용해서 이익을 추구하는 사람들, 다시 그 이익을 기반으로 더 공고히 되는 서열화 등의 반복이라고 생각합니다. 단기간에 조절될 수 있는 문제는 아니고 좀 더 나은 삶을 추구하려는 인간의 기본 욕구를 무시하기도 어려울 것 같습니다. 공교육의 현장에 있는 교사로서 최소한의 신뢰가 무너지지 않도록 학생들을 가르치는 것 외에는 답이 없을 것 같아요.

편집자 디즈니 채널이 오픈된다고 하죠. 그 소식을 듣고 저는 공포에 휩싸이고, 남편과 아이는 너무 기뻐하는 거예요. 저는 지금도 아이가 마블에 중독되었다고 걱정인데, 남편과 아이는 관련 기업에 문의해서 언제 서비스가 되는지, 우리가 어떻게 이용할 수 있는지 알아보는 거예요. 곧 닥쳐올 현상을 저는 공포로, 남편과 아이는 기대와 설렘으로 받아들여요.

똥멍청이가 되었어요

우리 앞에 다가올 미래를 어떤 관점으로 볼 것인가는 각자 선택해야 하지만 분명 그 미래에도 사람들은 살아서 숨 쉬고, 한 사람 한 사람이 행복을 추구할 거라는 생각이 듭니다.

2

인간을 이해하고 배려하는 마음의 힘 함께 기르기

편집자 인간에 대한 이해심과 배려심이 중요한 건 모두 아는데, 어른들도 잘 안 되는 부분이잖아요. 일차적으로는 가정에서 부모님과 아이들이 서로를 배려하고 이해하는 노력으로 공감 능력을 훈련할 수 있겠어요.

최대철 미래에 가장 중요한 힘은 1번 공감 능력, 2번 문제해결 능력이라고 생각해요.

"상대방의 마음을 읽고 정서적으로 소통하는 능력은 어떤 최첨단 과학 시대가 오더라도 인간만이 가지고 있는 힘이에요."

문제 해결 능력의 중요성이야 워낙 많이 알려져 있어요. 저는 공감 능력이 제일 중요하다고 생각하는데 왜냐하면 인공지능에 없는 능력이 거든요. 상대방의 마음을 읽고 정서적으로 소통하는 능력은 어떤 최첨단 과학 시대가 오더라도 인간만이 가지고 있는 힘이에요. 학교에서는 인성교육 시간에 친구들과 편지나 선물을 주고받는 수업을 하고 있는데, 공감 능력 개발에 초점을 맞춘 다양한 교육 정책과 프로그램이 많이 나왔으면 좋겠습니다. 예를 들어, 역사 시간에 그 시대의 인물을 분석하고 그 인물이 되어봄으로써, 역사 지식과 함께 역사 속 인물을 공감하면서 현시대의 다양한 사람들을 이해하는 데에 도움이 되는 수업을 하는 거예요.

김선미　우리 집 아이들은 2015 교육과정으로 바뀐 교과서로 배우는데 1학년 때 《안전한 생활》이라는 교과서에 교실에 있는 학용품과 도구를 사용하는 바른 방법, 운동장과 놀이터에서 하는 안전한 행동, 승강기를 이용하는 방법, 건널목을 안전하게 건너는 방법 등에 대해 배우더라고요. 저는 그 점이 참 좋았어요. 물론 그런 기본 생활 태도는 각 가정에서 배웠겠지만, 학교에서 정확하게 방법을 알려주는 교육이 반드시 필요하다고 생각합니다. 교육이라는 것은 사회 구성원으로서 생활할 때 지켜야 하는 기본적인 개념과 행동이 무엇인지 배우는 것이니까요. 친구를 때리면 안 되고, 음주운전을 하면 안 되고, 상대방의 동의 없이 몰래 불법 촬영을 하면 안 된다는 것을 배우는 시간이에요.

김은영 학생 인성교육의 기본은 각 가정에서 이루어지고 학교에서는 그 교육을 더 확장해야 한다고 생각해요.

"부모님이 먼저 솔선수범하여 다른 사람들을 배려하며 서로 예의를 갖추어 생활하는 모습을 보여주는 것이 필요합니다."

가정에서 아이에게 길러주어야 할 가장 중요한 능력 중 하나는 다른 사람의 입장에서 상황을 바라볼 수 있도록 하는 거예요. 따라서 부모님이 먼저 솔선수범하여 다른 사람들을 배려하며 서로 예의를 갖추어 생활하는 모습을 보여주고, 남을 배려하는 행동을 할 때 그 이유를 아이에게 직접 알려주는 것이 필요합니다. 예를 들어 부모님과 아이가 차를 타고 골목길을 지나는데 한 할머니가 앞을 천천히 걸어가고 있어요. 이때 바로 경적을 울릴 수도 있겠지만 부모님이 아이에게 이렇게 말하며 잠시 기다리기를 택할 수도 있습니다.
"할머니는 걸음이 빠르지 않고, 우리가 갑자기 경적을 울리면 매우 놀랄지도 몰라. 잠시 비켜 가실 동안 기다려 드리자." 이렇게 할머니 입장을 생각하며 아이에게 설명해 주는 것입니다. 이런 경험을 많이 한 학생들은 평소에도 다른 사람의 입장을 생각하고 배려하는 습관

똥멍청이가 되었어요

이 몸에 배게 돼요. 그리고 가정에서 흔히 외부 사람들은 잘 배려하면서 가족끼리 예의를 지키지 않거나 서로 배려하지 않는 일이 많이 발생하는데, 이때 자신의 감정을 차분하게 이야기하는 연습을 많이 하면 학교나 사회에 나가서 문제가 생겼을 때도 많은 도움이 될 것입니다.

3

너희들이 주인공인데
왜 소품처럼 멀뚱히 서 있어?

편집자 미래의 어른도 지금의 어른도 교육의 주도권이 학생에게 있다는 걸 인정해야죠. 기성 교육의 수용자로만 바라보고 교육한다면 아이들에게 어떻게 새로운 미래가 열리겠어요.

김은영 지금의 학생들은 학교생활 외에 다양한 경험을 못하니까 꿈이나 희망을 품기가 어려운 현실이에요. 초등학교 때부터 학교와 학원에 다니느라 바쁘고 그대로 중, 고등학교에 가서 입시를 준비하니까 새롭고 다양한 경험을 해볼 기회가 많지 않죠. 그렇다 보니 유튜브와 게임에 빠져들기 쉬운데, 거기에서라도 자기 꿈을 찾는 아이들은 대단하다고 생각해요.

"공부라는 한 길만 열어주면서 각기 다른 학생들에게 꿈을 가지라고

하면 어떻게 꿈을 정할 수가 있겠어요?"

제가 학생들의 진로 교육과 관련해 정보를 찾다 알게 된 경기도의 '몽실학교'가 있어요. 꿈을 이룬다고 해서 '몽실'인데, 학생들을 모집해서 1년 동안 프로젝트형 수업을 해요. 연기하고 싶은 학생들은 연기 프로젝트를 하고, 카페를 하고 싶은 친구들은 카페 프로젝트를 해요. 프로젝트에 참여하는 선생님들은 말 그대로 조력자의 역할만 하고 참여하는 학생들이 전체 과정을 주도적으로 끌고 가는 거예요. 주말마다 열리는 학교인데 이런 게 지자체마다 많이 늘어나면 좋겠다고 생각했어요.

아이들이 주체적으로 다양한 경험을 쌓아가려면 학교와 부모님뿐만이 아니라 지자체와 사회 전체가 함께 고민해야 해요. 그래야 전방위적인 지원이 가능해요. 공부라는 한 길만 열어주면서 각기 다른 학생들에게 꿈을 가지라고 하면 어떻게 꿈을 정할 수가 있겠어요?

학생들이 다양한 경험을 할 수 있도록 국가적인 지원이 이루어져야 그 안에서 다양한 꿈을 꿀 수 있게 될 거예요.

편집자 공부만 시키면서 다양한 꿈과 목표를 가지라고 말하는 건 뭔가 잘못됐네요.

김은영　현재 아이들이 다양한 체험 활동에 참여하기 위해서는 부모님의 시간과 노력, 금전적 여유가 꼭 필요해요. 모든 학생이 참여하기에는 한계가 크죠. 부모, 학교, 지자체 및 사회라는 트라이앵글의 연계가 필요합니다.

최대철　중학교 자유학년제는 지역 인프라가 되어 있지 않은 이상 교실 안에서만 이루어지는 제한적인 수업이에요. 제 아이의 학교는 마을 교육 공동체 프로그램이 있어요. 학교와 마을이 연계해서 아이들의 체험 프로그램을 만드는 거죠. 토요일마다 승마를 두 시간 정도 하고, 조정도 1회에 세 시간씩 4회 정도 해요. 사격장도 있어요. 지역 내 인프라가 잘 되어 있는 경우죠. 평생 한번 해볼까 말까 한 교육 프로그램을 80퍼센트 지원해 주거든요.
학생들이 다양한 경험을 할 수 있는 사회 시스템을 확대하고 구축해야 한다고 생각해요. 학생들은 자기가 의도하지 않았던 의외의 경험에서 얻는 것도 많아요.

김선미　중3 때 첫 번째 고입을 두고 특성화로 갈 것인지 인문계로 갈 것인지 선택을 합니다. 특성화고로 진학생 학생은 공업계열의 전기전자과나 상업계열의 무역정보과 등 전문지식을 배우며 바로 취업을 하게 될 것이고, 인문계 학교에서는 대학에 진학할 학과를 정하게 됨

똥멍청이가 되었어요

니다.

현재 고등학교에는 진로 과목이 있어요. 제가 근무하는 학교는 진로 선생님이 많은 전문 직업인들을 초청해서 강연을 열더라고요. 다양한 직업에 대해 실감 나게 들을 기회를 제공하는 거죠. 또한 적성검사를 실시하여 결과의 내용을 바탕으로 학생 상담을 하고 있고요.

김은영 우리가 현 사회를 탓하기만 하면 바뀔 여지가 없으니까 지금 여기에서 어떻게 한 걸음 더 나아갈까를 고민하다 보면 나중에는 많은 것들이 바뀌어 있을 것 같아요.

몽실학교처럼 좋은 교육 지원 활동 사례를 지자체마다 조금씩 확대해 나갔으면 해요. 그렇게 조금씩 사업이 커지면 학생들이 참여할 수 있는 프로그램도 다양해지겠죠. 사람들이 관심을 가질수록 더 다양한 의견이 제시될 거고요.

편집자 제 페이스북 친구 중에 한 분이 글을 올렸는데요. 고2 아이가 학교에서 문어빵을 만들어서 파는 체험을 한 거예요. 한 학생은 자기에게 너무 잘 맞아서 스무 살이 되었을 때 푸드 트럭으로 문어빵을 만들어서 팔았대요. 한 학생은 그 체험이 너무 힘들어서 그것보다는 공부가 쉽다는 걸 깨닫고 공부를 엄청 열심히 해서 대학에 진학했대요.

학생들을 소품으로 만드는 건 어른들의 역할도 커요. 제가 기후 위기 집회에 참석한 적이 있는데 학생들이 발표도 하고, 참석도 많이 했더라고요. 대학 입학에 반영되는 활동이라 했을 수도 있지만 정말 진지해 보이는 학생들도 많았어요. 자기들이 기후 문제의 당사자가 될 거라는 걸 인식하는 발표가 인상 깊었습니다.

김선미 학교에서는 학생들이 중심이 되는 활동이 활발합니다. 다양한 동아리 활동도 있고, 학생회 활동도 있습니다. 특히 동아리의 경우는 학교 예산뿐만 아니라 지역 보조금도 다양하게 지급되고요. 학생들의 활동을 적극적으로 지원하는 거죠.

편집장님 이야기처럼 기후 위기 집회에 참석한 학생들이 학교생활기록부에 기록되어 대입에 영향을 미치기 때문에 참석했을 수도 있지만, 어떤 학생들은 그러한 활동들의 영향을 받아 전공을 정하기도 하더라고요. 결국 자발적으로 참여하는 활동에 가장 큰 영향을 받는 것 같아요.

최대철 우리 학교는 아직 중학교라 학생들이 자기 의견을 자유롭게 표출하고, 결정하고, 행동하는 양상은 별로 눈에 띄지 않는데요. 근처 학교들을 보면 일부 중학생들이 동아리 활동을 조직해서 운영하고, 고등학교에 올라가서도 계속 하는 경우가 있어요. 개인적으론 정말

바라는 부분이기도 해요.

김은영 초등학교도 학생들이 아직 어려서 사회 문제와 관련해 자신의 목소리를 낸다거나 학생들이 온전히 주체가 되어 어떤 활동을 이끌어 나가는 모습을 쉽게 볼 수는 없습니다. 하지만 학교 또는 교사의 지도에 따라 어린 학생들도 인상 깊은 활동을 해내는 모습을 몇 번 본 적이 있습니다.

기억에 남는 사례를 하나 말씀드리면 한 선생님이 사회 시간에 지자체에서는 지역 주민들의 의견을 받아 정책에 반영한다는 내용을 학생들에게 가르치셨어요. 그 내용만 가르쳤다면 일반적인 사회 시간과 다를 바가 없었겠지만, 그 선생님은 학생들에게 자신의 생활을 불편하게 하는 지역사회의 문제점을 조사하게 하고, 국어과의 제안하는 글쓰기 수업과 연계하여 그 문제의 개선을 요구하는 글을 인터넷으로 작성해 지자체에 보내도록 했어요. 그리고 실제로 그 건의가 받아들여져 환경이 개선되었고 학생들이 큰 감동을 받았다고 합니다. 이 수업 사례로 교사나 학교의 적절한 지도와 지원이 이루어진다면 어린 학생들도 우리 사회의 구성원으로서 큰일을 해낼 수 있겠다고 생각하게 되었어요.

미디어 노예가 아닌
미디어 주인으로 살기

편집자　앞에서 미디어 리터러시에 대해 짧게 다뤘는데요. 미래의 어른, 지금의 어른 모두 함께 행복하기 위해서는 미디어 노예에서 탈출하여 주인으로 살아가는 게 너무 중요해졌어요. 교육은 그리고 지금의 어른은 어떤 역할을 해야 할까요?

김은영　지금까지 우리 교육은 불안한 요소를 제거하기 위한 '통제'가 중심이 되었어요. 학교는 특히 심했지요. 10여 년 전부터 한국은 IT 강국이라는 말을 들었던 것 같은데 정작 학교에서는 포털 사이트 내 여러 기능과 와이파이 사용을 모두 다 막아놓았어요. 학교 시스템의 보안을 지킨다는 명분이었죠. 학교에 수십 개의 교육용 태블릿 PC가 있어도 특수 교실 한두 곳을 빼고는 와이파이가 없어서 사용이 불가능했어요.

학교 현장의 이런 고질적인 문제들이 온라인 수업 전환으로 다 드러났어요. 2021년에는 전국적으로 학교 내 와이파이를 다 설치하겠다고 교육부가 발표했는데 이것이 과거에는 불가능한 일이었을까요? 교육과정에서 말로는 학생들의 미래 역량을 길러줘야 한다고 하면서 실제로는 인터넷도 제대로 못 쓰게 하는 환경이었죠.

인터넷에 유해하고 위험한 부분이 있다는 이유로 무조건 통제로 해결하는 건 너무 보수적인 생각 같아요. 우리에게는 교육이라는 좋은 해결 방법이 있잖아요. 사회가 급변하는데 기본 설비조차 준비되어 있지 않은 교육 현장을 보면서 학생들의 미래 역량을 길러주기 위해서는 우리 모두 불안감을 극복해야 한다는 생각이 들었어요.

"유해한 미디어에 흔들리지 않도록 충분한 미디어 교육이 이루어지면 좋겠습니다."

이제는 미디어 소비 없이 살 수 없는 시대가 되었어요. 심지어 초등학교 1학년 학생도 미디어를 생산해서 올릴 수 있는 시대가 됐어요. 아이들이 어떤 미디어에 노출되더라도 스스로 판단할 수 있는 능력을 교육하는 게 절실합니다. 물론 학생들은 성인보다 조절 능력이 부족해요. 여러 미디어로부터 안 좋은 영향을 받을 수도 있어요. 하지만 그렇다고 해서 무조건 통제하기보다는 어렸을 때부터 학생들이 유해

똥멍청이가 되었어요

한 미디어에 흔들리지 않도록 충분한 미디어 교육이 이루어지면 좋겠습니다.

미디어를 생산하고 전달하는데 어떤 책임감이 필요한지 배워야 하고, 건전한 미디어가 가진 순기능과 불건전한 미디어가 가진 역기능을 학습해야 합니다. 그런데 우리 어른들은 그런 걸 제대로 교육한 적이 없어요. 미디어가 유해하고 폭력적이라는 단순한 접근으로는 앞으로 이 문제를 해결할 수 없어요. 학생들이 미디어를 어떻게 만들어야 하고, 어떤 법을 지켜야 하며, 저작권, 초상권이란 무엇인지 학교와 가정에서 구체적으로 가르쳐줘야 해요.

편집자 학생들이 온라인 콘텐츠에 대해서 배우는 수업이 없나요? 우리 집 저학년 아이가 유튜브 채널을 운영하고 있더라고요. 구독자는 5~6명인데 제가 그걸 몇 개월 지나서 알게 되었어요. 어린 학생들이 유튜브의 생산자, 소비자가 된 건 꽤 되지 않았나요?

김은영 교과 과정에서는 국어 시간에 광고 매체와 연관 지어 미디어가 담고 있는 의도를 파악하는 정도의 교육 내용이 담겨있어요. 그리고 국어, 도덕 시간에 온라인에서 욕설이나 비속어, 남을 비방하는 내용을 작성하지 않도록 가르치지요. 하지만 실제 상황에서 아이들이 배운 내용을 제대로 적용하기 위해서는 더 많은 시수의, 강화된 미디어 선별 교육 및 정보 윤리 교육이 필요해요.

최대철 저희는 민주 시민 교육을 하거든요. 창의적 체험 활동 영역 중 자율 활동 시간에 한 학기 동안 가짜 뉴스를 어떻게 판별해야 하는지 수업했어요. 교과서도 있고요. 굉장히 자극적인 기사들이 있을 때 그 출처를 확인해 보고 어떤 내용인지, 실제로 그런 지역이나 사건이 있었는지 알아보는 수업이었어요. 예를 들어 SNS를 통해 빠르게 퍼지는 가짜 뉴스(미국 CNN을 모방해 만든 빌 게이츠 암살 기사를 국내 언론이 받아썼다가 망신당한 일)를 판별해내는 방법으로 주어진 뉴스를 그대로 받아들이지 않고 다른 언론사의 기사를 통해 팩트 체크를 해 보며, 자극적인 기사들을 무방비적으로 소비하지 않고 걸러내는 힘을 길러주는 수업을 운영하였습니다.

김선미 기술 발전이 정리돼서 교육 현장에 넘어오기까지 시간이 걸려요. 그런데 교육의 속도보다 기술 발전 속도가 너무 빠른 거죠. 정리되어서 교육 현장에 접목하려고 보니 또 바뀌어 있고, 어른이 습득해서 학생들에게 가르쳐주기에도 시간이 너무 오래 걸리고요.
근본적으로는 미디어를 이해하고 선별해서 활용하는 능력을 습득하는 것이 가장 현명할 것 같아요. 지금까지 미디어는 여흥이나 시청각 자료로 쓰이는 정도였다면 앞으로는 생산과 소비의 중심에 있어서 우

똥멍청이가 되었어요

리의 삶에 깊게 연결될 것 같아요.

편집자 아이들이 미디어에 끌려가는 게 아니라 미디어를 제대로 끌고 갈 힘을 기르려면 결국 교육의 역할이 제일 중요하네요.

김은영 교과서를 만들거나 정식으로 교과 과정에 넣기에는 변화 속도가 너무 빠르고 변수가 다양한 것 같아요.

창의적 체험 활동 등 학교의 다른 수업과 연계해서 교육청이나 지역 교육 기관 차원의 교육 지원이 많이 이루어져야 한다고 생각해요. 전문 강사들이 와서 가장 최신의 자료를 가지고 학생들을 지도하고, 미디어 교육 자료를 계속 만드는 부서가 신설되어서 자료를 배포하는 등 미디어 교육의 중요성이 강조돼야 할 것 같아요.

"미디어 선별 교육은 학생들이 어릴 때 시작해야 효과가 클 것 같아요."

아이들은 배우면 의외로 금방 바뀌더라고요.

"이건 우리 선생님이 하면 안 된댔어."

"이런 일을 하면 나쁜 거야."

하고 말하는 모습을 어린 학생들일수록 쉽게 관찰할 수 있어요. 어릴

수록 어른의 말에 영향을 잘 받고, 교육 효과가 크기 때문에 미디어 선별 교육은 학생들이 어릴 때 시작해야 효과가 클 것 같아요.

김선미 미디어 선별 교육은 부모님도 교사도 학생도 다 함께 참여해야 해요. 어른들이 알고 있는 사실을 아이들에게 가르치는 건 쉬워요. 그런데 지금의 미디어는 사실 아이들이 더 많이 알고 있거든요. 저도 나름 노력한다고 생각했는데 우리 집 꼬마 아이들이 유튜브 이용은 더 잘 하더라고요.

편집자 선생님이 자녀들에게 하고 있거나 또는 주위에서 보았던 미디어 리터러시 교육 방법 몇 가지 알려 주세요. 저도 집에서 해 보려고요.^^

최대철 영상 릴레이 인터뷰라는 수업을 학교에서 해 봤는데요. 학생들이 직접 만든 인터뷰 질문지를 통해 생활 속에서 미디어가 갖는 의미를 조금이나마 돌아보는 시간이었어요. 또한 영상을 매개로 친구들과 소통하면서 미디어의 가치를 확장해 보았습니다. 학생이 작성한 질문지 내용 중 기억에 남는 질문은 '만약 미디어가 없는 세상이 온다면 어떻게 될까?'였는데요. 대부분의 학생이 너무 답답할 것 같다고 하더라고요.

똥명청이가 되었어요

김선미 제가 온라인 수업을 거치면서 생각한 건 가짜 뉴스 판별이에요. 학생들의 요청도 있었고 우리 학교에서 미디어 관련 동아리도 신설되는 것 같더라고요. 수업 시간에 『팩트풀니스』를 이용하여 가짜 뉴스 판별에 관해 이야기한 적이 있어요. 가짜 뉴스는 우선 사실과 의견을 구분하는 거예요. 사실 이것이 시작입니다. 예를 들어 '철수가 팔을 들었다.'는 사실 하나에 '철수는 폭력적이다.'라는 의견이 들어가면 가짜 뉴스가 되는 거죠. 최근 인터넷 뉴스를 보면 사실은 없고 의견만 남아 있는 것도 있고, 사실에 의견을 덧붙여 사실을 왜곡하기도 하잖아요. 이런 건 다 함께 배우는 수밖에 없다고 생각해요.

김은영 가짜 뉴스 교육 방식 정말 좋은 것 같네요! 저는 어떤 내용을 가르치든 가장 좋은 교육 방법은 그 내용이 학생에게 완전히 체화되도록 끊임없이 반복적으로 알려주는 것이라고 생각해요.

요즘 온라인 수업이 이어지면서 정보 윤리 문제 관련 기사가 연일 보도돼요. 학생이나 학부모들이 실시간 쌍방향 수업 모습을 캡처해서 다른 곳에 모자이크 없이 올리고, 그 사진을 선생님이나 친구를 조롱하고 비방하는데 쓰기도 하죠. 이런 문제를 예방하기 위해 수업을 시작하기 전이나, 수업 중에도 가끔 온라인 수업 시 지켜야 할 점들에 대해 학생들에게 자주 언급해 주는 것이 좋아요.

그리고 요즘 유튜버나 BJ처럼 온라인상 조회 수로 수익을 올리는 사람들이 조회 수를 높이기 위해 자극적이고 비도덕적인 행위를 하며 영상을 만들고 방송하는 모습을 자주 볼 수 있어요. 이런 사례들을 볼 때 아이들과 종종 그 문제에 대해 함께 토론하는 시간을 가져서 어떤 점이 잘못되었고, 왜 그런 미디어를 소비하고 동조하면 안 되는지 함께 이야기를 나누면 학생들이 이후 바른 가치관을 정립하고 자신의 행동을 검열하는 데 많은 도움이 될 것 같아요.

5

세분화한 지식을
융합해서 활용하기

편집자 김선미 선생님께서 발제해 주셨어요. 세분화한 지식을 하나로 융합해서 사고하는 능력이 중요하다고 하셨네요.

김선미 이제 고등학교는 문과, 이과가 없어졌어요. 의대를 지망하더라 도 꼭 사회 과목인 윤리 과목을 이수해야 하고요. 외교학과를 가더라 도 수학 점수가 필요한 시대가 되었어요. 단순히 대학 입학을 위해서 가 아니라 사회가 이렇게 점점 융합적으로 변하고 있어요. 교육은 변 화 속도가 느려서 오히려 덜하지만 사회를 바라보면 이 융합 사고를 필요로 하는 것 같아요.

편집자 교육과정이 엄청 세분화됐던 시기가 있었고 다시 융합되는 시 기가 온 건데요. 내용을 정리해 봐야 할 것 같아요. 왜 이런 사회적인 요구가 생긴 걸까요? 분명히 세분화할 때는 그 이유가 있었을 텐데요.

김선미 2014년에 '2015 교육과정'을 발표하면서 '학생들이 인문·사회·과학기술에 대한 기초 소양을 함양하여, 인문학적 상상력과 과학기술 창조력을 갖춘 창의융합형 인재로 성장할 수 있도록 우리 교육을 근본적으로 개혁하자는 취지로 추진되었다'고 발표했어요. 새 교육과정으로 바뀐 교과서로 2017년 초등학교 1, 2학년이 배우면서 2020년에는 초, 중, 고 모든 학년이 바뀐 교육과정으로 교육을 받았습니다. 공통과목-일반선택-진로 선택 순으로 선택하여 이수하죠. 보통 고1에서는 공통과목으로 공부하고 2학년에 올라가면서 선택과목이 있습니다.

김은영 다양한 지식을 상황에 맞게 엮을 수 있는 게 융합이라고 생각해요. 학교 현장에서 융합 수업을 강조하는 이유는 학생들의 창의성을 길러주는 데 도움이 되고 실생활과 연계하기에 좋아서예요.

"분절화한 지식은 학생들이 사회에 나가서 직접적으로 활용하기가 어려워요."

예를 들면 제가 영어 시간에 음식을 주문하는 표현을 가르칠 때 학생들과 레스토랑 차리기 프로젝트 수업을 했어요. 학생들이 직접 가게를 차릴 계획을 세우고, 메뉴판도 만들고 실제로 음식을 만들어서 영어로 주문을 받는 융합 활동을 해요. 그런 활동을 하면 영어, 미술, 국어까지 다양한 교과에서 가르치는 능력이 다 함께 발휘돼요. 학생들이 모둠 활동을 하면서 협업 능력도 길러지고요. 그래서 몇 년 전부터 학교 현장에서는 이와 같은 프로젝트 수업이 많이 주목받고 있어요.

분절화한 지식은 학생들이 사회에 나가서 직접적으로 활용하기가 어려워요. 자신이 갖춘 다양한 지식을 적재적소에 활용하는 능력이 있어야 미래 인재라고 할 수 있습니다.

김선미 미디어아트를 보면 수학과 예술이 결합해 있어요. 유튜브에서 피아노 연주를 봤는데 음의 길이와 높이를 막대 그림으로 표현하며 건반에 떨어지더라고요. 피아노 연주가 청각이 아닌 시각으로 표현되니 신기하면서도 멋지더라고요. 결국 그 프로그램은 수학을 기반으로 한 컴퓨터 프로그램이잖아요. 또한 사람의 그림자에 반응하여 관람객의 움직임에 따라 미술 작품이 변화하는 것도 보았어요. 유화나 수채화로 표현되던 미술이 사물 인식이라는 과학기술과 결합하여 참여형 작품을 만들어 내는 것 또한 그 예가 될 수 있을 것 같아요.

똥멍청이가 되었어요

최대철   저희 옆 학교에서는 3·1운동 100주년을 기념할 때, 역사 시간에 3·1운동의 의의를 배우고 미술 시간에 위안부 소녀상을 그려서 지역에 가서 뿌리는 수업을 하더라고요. 국어 시간에 활동 소감을 발표하고요. 고등학교는 대입 때문에 좀 어려울 수 있지만, 중학교까지는 이런 활동이 굉장히 중요하다고 생각해요. 아주 작은 거라도 실천하고 거기서 얻은 감정들을 공유하면서 발전시켜 가야죠.

지역사회와 연계해서 축제도 하고, 수업 시간에 배웠던 학습 내용을 지역사회 발전에 연결할 수 있는 교육과정이에요.

편집자   가정에서는 지식의 융합 교육을 어떻게 할 수 있을까요?

김은영   다양한 체험 활동을 하는 것이 중요해요.

"체험을 많이 해 본 학생은 지식 융합 능력이 좋을 수밖에 없어요."

다양한 체험을 하다 보면 자연스럽게 자기가 가진 지식을 여기저기에 써 보게 되거든요. 사실 체험을 많이 해 본 학생은 지식 융합 능력이 좋을 수밖에 없어요. 예를 들어 학생이 만들기 활동에 참여하게 되면 수학 시간에 배운 길이 어림 방법을 써 보는 기회가 생기고, 요리 활동을 하다 보면 과학 시간에 배운 물체 분류 방법을 활용해 보게 되죠.

남학생들은 은근히 역사광이 많아서 부모님과 여행을 다녀오면 자신이 방문한 유적지나 지역 관련 내용이 교과서에 나왔을 때 신나게 자랑해요. 이렇게 학교에서 배운 지식을 생활 속에서 직접 경험하고 활용할 기회가 많아지면 많아질수록 학생은 그 지식을 온전히 자신의 것으로 흡수할 수 있고, 필요할 때 꺼내 쓸 수 있어요.

김선미 저도 다양한 체험을 직접 해 보는 것에 동의해요. 인상 깊었던 학생이 있어요. 수업시간에 「관동별곡」을 배우는데 방학 때 가족과 강원도로 여행을 가서 관동별곡의 정철이 여행했던 '서울-양주-여주-원주-철원-금강산-통천-고성-간성-양양-강릉-삼척-울진' 순서로 다녀왔더라고요. 지도를 보고, 지역별 특징을 알고, 문학 작품에서 표현한 것을 알아보고, 가족만의 추억도 만들고요. 참 좋은 방법인 것 같아요. 저도 우리 집 아이들과 꼭 한번 관동별곡 코스로 여행해 보겠노라 계획하고 있어요.

최대철 제가 아는 범위 내에서 최대한 다양한 주제들을 이야기해 보려고 합니다. 사회, 문화, 예술 분야 등 같이 이야기해 보고, 직접 가볼 수 있으면 가보기도 하고요. 단, 아이가 관심이 없어지면 저도 멈춰요. 또한, 같이 문제집을 풀면서 문제집 안에 있는 다른 내용, 예를

똥멍청이가 되었어요

들어 수학 문제집 중에 과학이나 역사 이야기가 나오면, 한번 확인해 보도록 합니다. 직접 체험과 독서 등의 간접 체험에 대해 많이 권유하는 편입니다.

6

미래 어른들의 선언
"나는 이런 목적을 위해, 이렇게 살고 싶어요!"

편집자　대화를 하는 동안 초, 중, 고 학생들의 목소리가 듣고 싶었어요. 요즘 자신의 목소리를 내는 10대들도 많아요. 인상 깊었던 학생이 있을까요?

김선미　현재 학생회 임원들이 다음 기수 학생회 임원을 면접으로 뽑았는데, 그때 우리 반 많은 학생들이 학교를 개선하고자 하는 의견들이 많아서 적극적으로 지원을 했어요. 예상되는 면접 질문도 스스로 뽑아보고 모의 연습도 하면서 준비해 갔는데, 예상외로 현재 학생회 임원과 친분이 있는 학생들이 면접에 통과되었다고 하더라고요. 그 모습을 보고 아이들은 화를 내고 부당하다고 씩씩거렸습니다. 우리 어른들의 사회에서도 종종 볼 수 있는 상황이잖아요. 그때 한 학생이 말하더라고요. "선생님 제가 내년에 학생회장 후보로 나서겠습니다. 그래서 이렇게 친목으로 학생회를 뽑는 관행을 바꾸겠습니다."라고요. 아이들은 부당하다고 느끼는 것에 포기하는 것이 아니라 오히려 자신이 바꾸겠다고 했어요. 저는 그 순간 그 학생들이 정말 멋있게 느껴졌어요. 요즘 말로 '리스펙Respect'했습니다. 자신들의 힘으로 학생회를 바꾸겠다고 생각하고 말하는 모습이 정말 멋있어 보였어요.

김은영   초등 저학년은 선생님의 말씀을 그대로 따르는 학생들도 많지만, 고학년이 될수록 아무리 선생님이라 하더라도 공정하게 일을 처리하지 않으면 자신의 목소리를 숨김없이 내는 아이들이 많아진 것 같아요. 그리고 학급에서 어떤 중요한 결정을 할 때는 선생님이 일방적으로 정해주는 것을 좋아하지 않고 자신들이 학급 회의를 통해 결정하는 것을 선호하지요. 그래서 요즘 초등학교에서는 3월 학기 초에 학생들과 함께 학급 규칙을 만드는 것이 중요한 활동이에요. 제 기억에 남는 학생 중 한 명은 2020년에 만난 학생이에요. 영어 시간에 자신의 장래 희망을 영어로 써 보게 했는데 행정사무관이라는 길고 어려운 단어를 정확하게 적어서 냈더라고요. 그래서 어떻게 이 단어를 아냐고 학생에게 물어보니 자신은 국가를 위해서 힘쓰는 사무관이 되고 싶고 이 직업을 꼭 갖고 싶어서 이전부터 단어를 외우고 있었다고 이야기했어요. 어린 나이부터 자신의 진로에 대해 분명한 목표를 가지고 그 직업에 대해 구체적으로 조사하고 공부해 나가는 그 학생의 모습이 정말 멋져 보였어요.

최대철 우리 학교에서는 대토론회가 있는데요. 학생, 학부모, 교사 대표가 하나의 의제를 정해서 난상토론을 하는 거예요. 제가 토론에 참석했던 내용은 '9시 등교 괜찮은가?'라는 주제였는데요. 그때 당시 저는 9시 등교 찬성이었고, 학생 한 명이 반대 입장이었는데, 생활 패턴이 무너지고, 학원 수업 시간이 뒤로 밀리면서 생활이 너무 힘들고, 수능 시간은 9시 이전인데 길게 봐서 수능을 준비해야 하는 입장에서 너무 부당하다는 얘기를 듣고 9시 등교 반대쪽으로 의견을 냈던 기억이 있습니다. 물론 단위학교에서 정해질 부분이 아니어서 최종 9시 등교가 됐지만요.

요즘에는 학교에서 일방적으로 결정하는 건 거의 없어요. 절차상으로도 학생회의 의견을 듣게 되어 있어요. 학생 인권이 강화되는 흐름이라 학칙도 학생, 학부모의 의견을 수렴하게 되어 있죠. 학생의 의견이 없어서 목소리를 안내는 건 어쩔 수 없지만 언제든지 자신의 목소리를 낼 수 있는 다양한 방법이 열려 있다고 생각합니다.

김선미 학생들은 점점 자신들의 일에 적극적으로 의견을 냅니다. 교복을 바꾸자는 의견도 내고, 학교 행사의 개선 방향도 제시하죠. 우리 학교도 규칙을 하나 바꾸는 데 반년이 걸렸어요. 벌점을 2점 할 거냐, 1점 할 거냐의 문제였는데 논의가 길어지더라고요. 시간이 걸리더라도 각자 다른 생각과 의견을 합의하는 과정을 통해 배우는 게 많은 것 같아요.

"내가 학생들이 하는 말을 어디까지 알아듣는 어른일까 항상 고민해요."

앞에 한 아이돌 그룹의 UN 연설문을 보면

「여러분이 누구든, 어느 나라 출신이든, 피부색이 어떻든, 성 정체성이 어떻든 여러분 자신에 대해 이야기해 보세요. 여러분 자신에 대해 말하면서 여러분의 이름과 목소리를 찾으세요.」

여기에서 말하는 목소리는 자기 생각, 의견을 말하는 것 같아요. 학생들은 항상 뭔가를 말하고 있는데 제가 알아듣지 못할 때도 있죠. 내가 학생들이 하는 말을 어디까지 알아듣는 어른일까 항상 고민해요. 노력하지 않으면 그들의 생각과 언어를 알 수 없어요.

김은영 저는 초등학교에 있다 보니 중, 고등학교에 비해 학생들이 주도적으로 목소리를 내는 모습을 많이 보진 못한 것 같아요. 하지만 우리가 추구하는 교육 목표가 자기 생각을 자신 있게 표현하고 사회 문제에 적극적으로 참여하여 세상을 바꾸어나가는 미래 인재를 길러내는 것이기 때문에 교실 속에서부터 학생들이 자신의 목소리를 내는 연습을 꾸준히 해 나가는 것이 필요하다는 생각이 듭니다. 그러기 위해서는 교사가 평소 학생들의 이야기를 잘 들어주고, 학생들 주변에서 일어나는 작은 문제들도 주의 깊게 살피며 모두가 함께 해결 방법을 논의할 수 있는 민주적인 학급 분위기를 형성해야 할 것입니다.

편집자　우리 어른들은 아이들의 목소리에 귀를 기울일 준비가 되어 있나요?

최대철　제 개인적으로는 들어줄 준비가 되어 있어요. 그런데 사회적으로 그 준비가 되어 있는지는 확신이 없어요. 학생들이 요구하는 아주 작은 것 하나를 바꾸기는 쉽지 않아요.
절차 정도만 마련되어 있다고 할 수 있죠. 그 절차대로 학생들이 해내기가 쉽진 않겠지만 절차라도 생겼다는 건 어쨌든 변화하고 있는 거니까 점점 학생들의 목소리가 반영되는 방향으로 바뀔 거예요.

김선미　어른들도 아이들도 다 함께 노력하는 중인 것 같아요. 제가 살

똥멍청이가 되었어요

아온 인생은 그냥 부모님이 말씀하시는 대로 그대로 잘 해내는 거였어요. 그래서 저의 사춘기 방황은 스무 살 때였던 거 같아요.

'나는 누굴까?', '나는 왜 태어난 거지?'

"아이가 실수해도 봐주는 게 우리의 일인 것 같아요."

한 번뿐인 인생이라 내 아이가 실수하지 않고 조금이라도 편히 살아가길 바라는 마음인데, 부모라는 역할도 처음 하는 거잖아요. 저도 올해는 사춘기 시작이라는 초등학교 5학년 학부모가 되어서 많이 떨려요. 첫애가 세 살쯤이었나. 온갖 저지레를 떠는 아이를 보고 할머니가 제게 그러시더라고요. 혼자 뭐 하겠다고 하면 다 하게 하라고, 이건 위험해서 안 돼, 이건 뭐 해서 안 돼만 하면 커서도 아무것도 안 한다고요. 세 살짜리가 신발을 신어보겠다고 하는데 거꾸로 신는 것이 안 예뻐서 엄마가 신겨 주면 아이는 언제까지나 엄마가 신겨 주는 신발을 신을 거예요. 아이가 실수해도 봐주는 게 우리의 일인 것 같아요.

편집자 마지막 질문을 드릴게요. 아이들의 인격과 어른들의 인격은 동등하게 존중받아야 마땅한가요? 교육에서는 아이들을 어떻게 바라보나요?

김은영 현재의 초등 교육과정에서는 초등학생 아이들을 이미 자신만의 인격을 갖춘 존재, 스스로 성장해 나가는 존재로 보아요. 그래서 교사는 옆에서 학생들의 성장을 지지하고 도와주는 역할을 해야 한다고 설명하고 있죠. 전통적인 교육 관점에서는 아이들을 미성숙한 존재로 보았고 교사가 모든 것을 가르쳐주고 이끌어 나가야 한다고 보았어요. 하지만 저는 아이들 각자의 개성과 고유한 인격, 성장 과정을 존중하는 현재의 교육과정이 바람직하다고 보고 올바른 방향으로 교육이 변화했다는 생각이 듭니다.

김선미 학생과 교사, 학부모는 똑같은 위치에 있어요. 아이들을 성숙한 인간으로 존중해야 한다고 교육학에 나와 있어요. 교육의 3주체는 학생, 학부모, 교사입니다.

최대철 학습 면에서는 아직 불완전해서 교사와 부모님의 지도가 필요한 건 맞아요. 그런데 정서적으로는 교사인 제가 많이 배워요. 제가 살아온 과정, 앞으로 어떻게 살아갈 건지 학생들과의 관계에서 많이 배우고 있어요. 제가 3학년 담임을 할 때, 여학생들끼리의 감정적인 문제로 조금 힘들고 걱정되는 부분이 많았는데, 반장이었던 여학생이 적절한 해결책으로 오히려 저에게 도움을 많이 주었고 그 학생이 친구 한 명 한 명과 대화하면서 문제를 풀어갈 때, 제가 학생인 듯한 느낌을 받았던 적이 있습니다. 그만큼 요즘 학생들이 어떤 면에선 저에게 스승의 역할도 하고 있어요.

7

이 책을 마치며

편집자　『똥멍청이가 되었어요』 대단원의 마무리 시간입니다. 우리
를 웃게 하는 똥멍청이에 대해 대화를 나누었어요. 우리 집을 생각
해 보면 똥멍청이는 저희 아이들이 아니라 늘 불안하고 아이를 믿지
못하고, 아이가 살아갈 미래를 제대로 응시하지 못했던 저였던 것 같
습니다. 다양한 주제를 놓고 오랜 시간에 걸쳐서 대화했는데요. 여기
까지 달려오신 소감은 어떠세요?

김선미　많이 배웠어요. 김은영 선생님과 대화하면서 콘텐츠 제작에 대
해서 관심이 커졌어요. 항상 입시 준비 중심으로 수업을 했는데, 올해
는 미디어 리터러시에 대해 연구를 해 보려고요. 최대철 선생님과 대
화하면서 아이들이 공부를 못하는 이유가 머리가 나쁘거나 흥미가
없어서라기보다는 친구 관계 혹은 부모님과의 관계에 혹시 불편한 게

있는 건 아닐까 한 번 더 생각했습니다. 교사로서 생활 지도를 많이 고민하게 된 것 같아요.

또 두 아이의 엄마로서 많이 배운 시간이었습니다. 정말 감사했어요.

김은영 저는 중학교, 고등학교 선생님들과 이렇게 이야기를 나눠본 게 처음이에요. 학생들이 중, 고등학교에 진학하면서 어떤 모습으로 변하는지 말로만 들었는데, 두 분을 통해 생생하게 가슴에 와닿았습니다. 그동안 초등학교 교사 입장에서만 아이들을 바라봤는데 학생들의 변화에 맞게 교육도 많이 변해야 한다는 생각이 들었어요.

현실과 이상의 차이가 있지만, 우리 모두 각자의 자리에서 정말 최선을 다하고 있다는 걸 느꼈습니다. 우리 모두의 공통점은 하나였던 것 같아요.

'아이들이 행복했으면 좋겠다.'

학창 시절을 행복하게 보내면서 자신이 좋아하는 걸 찾아봤으면 좋겠다는 공통의 주제가 나온 것 같아요.

최대철 저는 그동안 살아가면서 제 의견을 공개적으로 이야기해 본 적이 거의 없어요.

개인적으로는 소중한 경험이었습니다. 돌이켜 보면 제가 그동안 너무 갇혀 있었던 것 같아요. 저희는 사립학교다 보니까 학교 내에서 해야 하는 교육과정들이 최우선적인 과제였던 것 같아요. 이 대화를 하면서 초등학교와 고등학교를 연결 지어서 생각하는 교육과정 구성이 필요하다고 생각했어요. 여러 가지 고민을 종합해서 검토하고, 제가 할 수 있는 것들을 찾아서 기획하고 실천해 보려고 합니다.

편집자　두 자녀의 아버지로서 어떤 시간이었나요?

최대철　반성을 많이 했어요. 처음에는 제가 대표 자격을 가진 사람이 아니어서 내 생각에 사람들이 공감할 수 있을까 걱정했는데요. 다른 부모님들의 고민을 들으니까 저도 한발 물러서 있는 것처럼 보였을 뿐이지, 실제로 학부모님과 똑같이 고민하고 있었어요.
특별한 해결책이 없어서 모른 척했던 부분에 이제는 조금 더 적극적으로 개입해야 하지 않을까 생각했습니다. 우리 아이와 일주일 동안 대화하고 인터넷 학습 강의도 신청했습니다.

김선미　저는 온라인 학습이 교육의 보조 수단이라고 생각했어요. 등교 수업이 재개되면 사라질 거로 생각했는데 우리의 대화를 통해서 그게 아니라 앞으로 함께 갈 중요한 교육 수단이라고 느꼈어요. 제 생각이 많이 바뀌는 걸 느꼈고, 어머니들도 하나의 틀을 깨는 시간이 되었으면 좋겠습니다.

똥멍청이가 되었어요

김은영　저는 선생님들을 만나 뵌 후에 입시제도를 많이 찾아봤어요. 항상 초등 교육에만 관심이 있었는데 입시제도를 살펴보니까 매우 많은 게 변하고 있더라고요.

제가 입시를 준비했던 시기에는 수능이랑 논술만 잘 보면 됐거든요. 부모님들의 고민이 정말 많을 것 같아요. 교대 입시를 검색하니까 고등학생들이 고1 때부터 자신이 새롭게 도전하고 즐기고 싶은 동아리 활동보다 교대 입시와 관련한 교육 동아리 활동을 위주로 하는 경우가 많더라고요. 물론 교육 동아리 활동도 큰 의미가 있지만, 교육의

　　　　　　　　　　　　　　　　　　　　　똥멍청이가 되었어요

이상은 다양한 경험에 있다고 생각하는데, 학생들이 어린 나이부터 스펙 경쟁을 하듯이 빨리 방향을 잡지 않으면 입시 경쟁에서 밀리는 현실이 안타까웠습니다.

편집자　저는 이 책을 작업하면서 저희 아이들을 대하는 태도가 좀 달라졌어요. 예전에는 아이에게 정해진 스케줄을 강요하는 말투였어요.
"1시에는 피아노 학원을 가고 3시에는 수학 공부를 해야 해."
그런데 지금은 아이가 물어보면
"1시에 피아노를 갔다가 3시에는 수학 공부를 해야 하지만, 네가 3시에 간식을 먹고 싶거나 잠깐 쉬고 싶다면 그렇게 해도 돼. 네 생각은 어떠니?"
이 책의 내용이 반복되는 부분도 있지만, 사람은 그 정도로 여러 번 반복해서 학습해야 변할 수 있는 것 같아요. 저는 이 책의 독자들도 저처럼 아이에 대한 생각이나 아이를 대하는 태도가 적어도 한 가지 이상 변화할 거라고 확신합니다.
또 예전에는 아이의 표정을 자세히 관찰한 적이 없었어요. 어두우면 그냥 피곤한가 보다, 밝으면 기분이 좋은가 보다 하고 넘어갔어요. 이 책을 작업하면서 아이의 감정이 학습과 굉장히 밀접한 관련이 있다는 걸 배웠고, 지금은 아이의 표정을 살피면서 "힘들면 다음에 해도 돼.", "기분이 안 좋으면 놀다가 기분이 좋아질 때 숙제를 해도 돼."라고 말할 수 있는 제가 되었습니다.

편집자 이 책의 마지막 장까지 함께한 독자들에게 드리고 싶은 말씀은
요?

김선미 학부모님! 너무 걱정 안 하셨으면 좋겠어요. 지난 1년 동안 온
라인 수업도 경험했고 그 안에서 새로운 것들을 많이 배웠기 때문에
원래 우리가 갖고 있던 계획과 좀 달라졌을 뿐이지 저는 충분히 의미
있는 1년이었다고 생각해요. 올해에도 온라인은 계속될 것 같아요.
이제 아이와 의논해서 시간을 잘 관리하시고, 좋은 추억도 많이 만들
면 좋겠어요.

김은영 부모님들이 매일 단 10분이라도 아이의 눈을 바라보고 대화를
나누면 좋겠어요. 아이와 대화하는 시간이 아주 길 필요는 없다고 생
각해요. 부모님도 바쁘고, 아이들도 부모님과 몇 시간씩 대화를 나누
고 싶진 않을 거예요.^^ 하루에 10분이라도 가족이 서로 눈을 보면서
즐겁게 얘기할 수 있는 시간이 있다면 아이가 정서적으로 건강한 어
른으로 성장할 수 있을 거라는 생각이 들었어요.
그리도 이번 대화를 통해 독서의 중요성을 다시금 깨달았어요. 독서
가 모든 공부의 기본이라는 생각이 들어서 올해 제 학급에서도 꾸준

히 독서 교육을 실천하려고요.

이 책을 읽는 부모님들도 어느 학원을 보낼까 고민하기보다는 아이의 관심사에서 시작해 재미있는 책을 함께 찾아서 읽어보면 좋겠습니다.

최대철　저도 학부모의 입장에 있기 때문에 저 자신에게 당부하고 싶은 내용이기도 해요. 아이들의 성장은 단순하지 않아서 입체적으로 관찰할 필요가 있는데, 아이들을 훌륭하게 키우고 싶은 마음에 우리 아이에게 맞는 방법이 아니라 사회에서 유행하는 서울대 간 학생들의 법칙, 하버드에 입학한 학생들의 법칙에 아이들을 끼워 맞추는 순간 갈등이 시작된다고 생각해요. 우선 부모님이 진짜 원하는 게 어떤 건지를 생각해서 아이들에게 솔직하게 털어놓으면 좋겠어요. 저는 부모님의 언어보다 비언어적 요소가 아이들에게 훨씬 큰 영향을 준다고 생각해요. 말로는 공부 안 해도 된다고 하면서 부모님의 표정이나 행동, 몸짓 이런 것들이 다르다면 아이들은 그걸 더 빨리 느끼고 마음이 계속 불편하거든요.

"엄마는 지금 네가 공부하면 좋겠는데, 정 싫다면 안 하더라도 뭐라고 하진 않을게. 그런데 공부가 아니더라도 네가 책임질 수 있는 무언가를 하는 게 좋을 거 같아."

라고 조금 더 솔직하게 이야기 나누면서 아이에게 필요한 자극들을 조금씩 주면 좋겠어요. 아이에게 필요한 건 부모님의 감시가 아니라 관찰이에요. 이건 어른들도 훈련이 되어야 해요. "이거 해라, 저거 해라."라고 지시하는 게 편하거든요. 그런데 아이들을 관찰하면서 감정과 생각을 관찰하는 건 어른들의 큰 노력이 필요해요. 아이들은 본인이 원하는 만큼, 그리고 본인이 노력만 만큼 성장합니다.

편집자 부모님의 마음이 편해야 아이들에게 언어적, 비언어적 요소 모두 교육적일 수 있겠네요.

김선미 한 가지 조언을 드린다면 내가 화가 나 있을 때는 야단을 치거나 충고를 안 하는 것도 좋은 방법이에요. 아이가 내가 하는 말에 예상하지 못했던 말이나 행동을 해도 받아줄 수 있을 정도로 마음의 여유가 있을 때 이야기를 하는 게 좋아요. 부모님의 마음이 힘들고 피곤할 때는 서로 말을 잠시 멈추는 것도 좋은 방법입니다.

편집자 선생님들은 자녀들이나 반 학생들에게 화가 날 때 어떻게 하시나요?

최대철 저는 화를 내는 편이에요. '우리가 아무렇게나 행동해도 무조건 받아주는 선생님이 아니구나.'라고 느끼게 하죠. 제가 편한 사람이

똥멍청이가 되었어요

라는 인식은 주지 않아요. 저는 불편한 사람이지만 그래도 학생들이 이야기하면 들어줄 수 있을 정도의 불편함이라고 할까요?

한 반에 교과서를 안 갖고 오는 학생들이 몇 명 있어요. 그런 학생들에게는 10분 정도 화를 내고 똑바른 자세로 앉게 하고, 수업 시간 내내 관찰해서 잘못한 것들을 지적해요. 편한 선생님은 아니에요. 그런데 그렇게 한 달 정도 지나면 서로 편안해지는 시간이 찾아오더라고요. 우리 집 아이들에게는 특별히 화를 낼 일이 없어요. 게임을 열 시간 해도 특별히 화내지 않거든요. 그런데 제가 아내와 불편한 일이 생기면 아이가 게임을 한 시간만 해도 화가 나요. 결국 어른의 감정과 상황이 아이를 대하는 태도에 영향을 미치는 것 같아요.

김은영 저는 피곤하면 예민해지더라고요. 컨디션이 좋으면 학생들을 여유롭고 편안하게 대하는데 제가 잠을 못 잤거나 피로가 쌓이면 예민해져서 학생들에게 지적하게 돼요. 학기 중에는 가능하면 밤에 푹 자서 제 몸과 마음을 최상의 컨디션으로 만들려고 노력해요. 그리고 컨디션이 안 좋은 날은 교실에서 조용히 차를 마시면서 마음을 가라앉히거나 학생들이 정말 위험한 행동을 하는 경우가 아니면 그냥 넘기려고 해요.

교육 전문가의 조언을 보면 아이들에게 화를 낼 때는 감정을 빼고 단호하게 말하라고 하잖아요. 예전에는 여러 번 말해도 듣지 않는 아이가 있으면 나를 무시한다는 생각이 들면서 화가 나더라고요. 그런데 이제는 그런 감정에 휘둘리기보다 내가 아이에게 말을 꺼낸 목적을 다시 한번 생각해요. '나는 이 학생에게 이런 행동을 하도록 이끌어 주고 싶은데 지금은 나를 무시한다는 생각이 들어서 내가 화가 나는 구나. 지금은 잠시 기다려 주자.' 하고 말이죠.

김선미　학생들이 모든 걸 다 허용해 주는 선생님을 좋아할 것 같지만 사실은 그렇지 않아요. 본인이 야단맞을 상황에는 야단을 쳐주는 선생님을 감사하게 생각하더라고요.

예를 들어 수업 시간에 핸드폰 게임을 했는데 선생님이 "그래, 열심히 해."라고 한다면 학생은 그 선생님을 좋아하거나 존경하지 않아요. 인정하지도 않고요.

제일 중요한 건 어른의 기준인 것 같아요. 예를 들면 어머니가 유튜브를 한 시간만 보여주겠다고 정했으면 그 기준을 지켜야죠. 기분이 좋은 날은 열 시간도 허용이 되고, 기분이 안 좋은 날은 30분밖에 안 봤는데 화를 내면 아이들은 내가 왜 야단을 맞는지 이해를 못 해요. 어떤 걸 지키게 하고, 어떤 걸 금지하는지 어머니가 명확하게 기준을 세우는 게 제일 중요해요.

김은영　저는 학급에서 안전과 관련된 건 굉장히 엄격하게 말해요. 정신적 안정, 신체적 안정 모두 다요. 신체적으로 위험한 행동, 남한테 해를 끼칠 수 있는 행동, 남의 마음에 상처 줄 행동들에 대한 기준이 엄격하기 때문에 학생들에게도 단호하게 말하죠.

그런데 평소에 문제행동을 보이지 않는 학생이 갑자기 좋지 않은 태도를 보이면 따로 불러서 그 이유를 물어볼 필요가 있어요. 어느 날은 한 학생이 영어 수업 시간에 계속 엎드려 있었어요. 평소에 그러지 않았던 아이라 따로 불러서 혹시 무슨 일이 있었는지 부드러운 말투로 물어보니 다행히 특별한 이유는 없더라고요.

그럼 그때는 저도 솔직한 마음을 전달해요.

"ㅇㅇ야, 선생님도 학생이 수업 시간에 엎드려 있거나 참여하지 않으려는 모습을 보이면 마음이 좀 불편해서 수업하기가 힘들어질 수 있어. 만약 다음에 몸이 안 좋거나 수업에 적극적으로 참여하기 어려운 일이 있으면 수업 전에 미리 말을 해 주겠니? 그러면 선생님이 너의 상황을 고려해 줄게. 하지만 특별한 이유가 없는 경우에는 바른 자세로 수업에 참여해 주었으면 좋겠어."

이렇게 학생을 따로 불러서 대화하고 나면 다음 시간부터 태도가 많이 바뀌더라고요. 전체 학급 학생들에게 수업 태도를 바르게 하라고 계속 잔소리를 하면 문제행동을 하는 학생의 태도는 바뀌지 않고 잘하는 학생들이 오히려 더 긴장하고 분위기가 경직되어서 부정적인 영향을 준다는 것을 깨달았어요.

편집자   우리의 대화에서 제일 기억에 남는 내용은 무엇이었나요?

최대철   아이가 학교에 왜 가야 하냐고, 학교에 다니기 싫어한다고 질문해 주신 어머니가 기억에 많이 남았어요.

저는 개인적으로도 학교에 대한 부정적인 이미지가 있어서 학생들에게 지도할 때 어려움을 겪곤 했어요. 그런데 두 분의 말씀을 들으며 내가 학교를 어떻게 바라보느냐에 따라 학교의 의미가 달라질 수 있다고 생각했어요. 제도권 교육의 단점도 있지만 분명한 건 공평한 기회를 제공하는 거니까 그 기회를 최대한 이용해서 자신의 꿈을 펼쳐볼 수 있어요. 저도 학교에 대해 긍정적인 생각을 하게 되었어요. 개인적으로는 이번 교육과정 개정안을 보면서 학교 현장에서 실천할 수 있는 것들이 떠올랐습니다. 동료 선생님들의 동의를 얻어서 함께해볼 생각입니다.

김은영   저는 가정에서 아이를 키우고 있지 않아서 이번 작업을 통해 부모님들이 정말 힘드시다는 걸 직접적으로 느끼는 계기가 되었어요. 저도 아직 부모님 말씀을 잘 안 듣는 자녀이기도 하고요.^^

최대철 선생님께서 아이의 감정을 많이 읽어줘야 한다고 말씀해 주신 게 너무 와닿았어요. 아이가 성장할수록 아이의 감정을 읽고, 거리를 적당히 유지하면서 기다려 주는 게 필요한 것 같아요. 내가 뭔가를 해 주고, 내가 뭔가를 조언하기보다는 아이가 무슨 말을 하는지 인내심을 갖고 들어주는 노력을 해야겠다고 생각했어요. 학생이 좋아하는 소재를 통해 더 깊은 대화를 하고, 학생을 이해하면서 그들의 이야기를 들어줄 수 있는 여유를 갖자고 생각했습니다.

김선미 최대철 선생님께서 거리 두기를 말씀해 주셨는데, 일정한 거리 두기를 통해 아이를 더 많이 관찰하고 깊은 관계를 맺을 수 있다는 걸 배웠습니다.

그리고 BTS의 유엔 연설문도 많이 기억에 남아요. 중요한 실마리를 찾았어요. 자기주도 학습이 되게 거창한 게 아니라 잃어버렸던 나의 목소리와 모습을 찾는 거라는 거죠.

자기 주도 인생을 고민하면서 '나는 이렇게 살고 싶었지.', '내가 아이들한테 전해 주고 싶은 모습은 이런 거였지.'라고 다시 한번 환기할 수 있었어요.

편집자 저는 김선미 선생님께서 아이들에 대한 기대를 낮추라고 말씀해 주신 게 제일 와닿았어요. 아무리 저 혼자 '기대를 낮추자.'고 결심했어도 아이를 보면 계속 짜증이 났을 거 같아요. 제가 아이를 방관하는 건 아닐까 고민되고요. 그래도 이 책을 통해 다양한 관점에서 생각하면서 '네가 건강해서 다행이야.', '공부에 재능이 있는 다른 아이들과 너를 비교하면서 경쟁시키지 않을게. 엄마의 기대 때문에 너를 힘들게 하지는 않을게.'라고 인정하게 되었어요. 그리고 최대철 선생님이 해 주신 말씀 중에 "아이를 다그치는 엄마의 마음에는 어른 자신이 풀어야 하는 불편함이 있다."라는 부분이 있어요.

예전에는 아이들 때문에 제 마음이 힘들고 불편하다고 생각해서 애들을 통해 제 불편함을 해결하려고 했는데, 이 책을 작업하면서 스스로 깨달았어요.

'내가 지금 피곤한가 보다. 푹 쉬고 아이와 다시 이야기해야겠다.'

'우리 애는 시험을 못 봐도 불편한 게 없는데 내가 우리를 다른 애와 비교하면서 내 마음을 힘들게 하고 있구나. 내가 나를 힘들게 하지 말자.'

김은영 선생님의 말씀을 통해 미디어 리터러시에 눈을 떴어요. 미디어의 노예가 아닌 주인으로 살아가자. 우리 아이는 미디어의 주인이 될 수 있다. 무조건 나쁘다고 하지 말고, 아이가 주인 의식을 갖고 미디어를 바라볼 수 있게 이끌어가자고 정할 수 있었습니다.

편집자 이제 학교로, 가정으로 돌아가실 텐데요, 세 분의 목표와 계획은 어떻게 되나요?

김선미 저 자신이 먼저 주체적인 삶을 살아가려고요. 적극적으로 관심 있는 분야를 찾아서 넓히고요. 예전에 영화 비평 쓰는 걸 정말 좋아했어요. 비평 쓰는 걸 다시 해 보고 싶다는 생각도 했어요. 이번 학년에 문학 수업을 맡게 되었는데 '문학과 미디어를 결합해서 새로운 콘텐츠를 창조하는 작업을 학생들과 해볼까?'라는 생각도 했습니다. 초등학교 교사인 김은영 선생님과 대화하면서 우리 집 초등학교 아이들을 많이 이해하게 되었어요. 고등학생들을 가르치다 보니 기준이 항상 고등학생인 거예요.^^ 엄마로서 그리고 교사로서 새로운 출발점에 서 있습니다.

편집자 어떤 교육자가 되고 싶으세요?

김선미 두려워하지 않고 새로운 세상에 발을 내디딜 수 있게 도와주는 교사가 되고 싶어요. 학생들이 살아갈 세상은 기성세대가 알고 있는 세상만이 아니잖아요. 열려 있어야 한다면서 제가 두려워했던 것 같아요. 아이들은 두려워하지 않는데 제가 막고 있던 건 아닐까 하는 생각을 했고, 교육자로서 좀 더 넓은 세상에 눈을 뜨고 학생들과 함께 배워야겠다고 생각했어요. 저의 틀을 깨고 "함께 배우면서 함께 항해해 보자."라는 마음이 들었습니다.

김은영 행복한 교사가 되고 싶어요. 진심으로 수업을 즐기는 제가 되면 좋겠어요. 부모님들이 아이들의 자기주도 학습을 이렇게 많이 걱정하시는 걸 알게 되었고, 이번 학기에는 학생들이 자기주도적 학습 능력을 갖출 수 있도록 하나씩 도움을 주고 싶습니다.

또 아이들이 좋아하는 것에 관심을 많이 가져주는 선생님이 되고 싶어요. 저는 사실 공부보다 다른 것에 관심이 많은 학생을 보면 응원해 주면서도 '저렇게 만들기만 좋아해서 어떻게 하지?' 하고 한 편으로는 걱정을 놓지 못하는 사람이었거든요.

학교는 모든 학생이 전체 교과 영역의 성취 기준에 도달하도록 하는 것이 목표다 보니 자꾸 그런 마음이 든 것 같아요. 이제는 진심으로 아이의 가능성을 깊이 믿어주는 교사가 되기 위해 노력하고 싶어요.

최대철 교육의 목표는 '학생을 어떻게 성장시킬 것인가?'라고 생각해요. 학생의 성장을 돕는 도구가 꼭 학습만 있는 건 아니에요. 중학교 교사로서 인성 영역에 초점을 맞추고 수업에 많이 반영하려고요. 가정에서는 아이와 함께 할 수 있는 것들을 함께 찾아보고요. 인터넷 강의도 처음 등록했어요. 이게 안 되면 다시 대화해서 다른 걸 찾을 거예요. 이 책을 하지 않았다면 원래 했던 대로 흘러갔을 거예요. 제 생각이 많이 바뀐 것 같습니다. 현명해지기 위해 노력하는 교사, 그리고 아빠가 될게요.

편집자   긴 시간 동안 함께해 주신 세 분의 선생님, 그리고 이 책의 마지막 장까지 함께 달려온 부모님들께 깊은 감사를 드립니다. 등교 수업이 중지되면서 학생도 학부모님도 또 교육 현장도 당황하고 방황하는 시간이 있었지만, 그 시간들이 있었기에 어른들의 역할을 고민하고, '미래의 어른인 아이를 어떻게 존중해야 하는가, 어디까지 존중해야 하는가.'라는 질문을 던질 수 있었습니다.

미래의 어른인 우리 아이들에게는 이미 미래를 살아갈 힘이 내재해 있고, 지금의 어른인 우리에게는 그걸 지지해 주고 도와주는 조력자 역할과 함께 '너와 함께 배울게.', '너와 함께 헤쳐 나갈게.'라는 마음이 필요하다는 걸 배웠습니다. 미래의 어른과 지금의 어른이 어떤 마음과 자세를 가져야 하는지 알게 된 소중한 시간이었습니다. 어른이? 아이가? 『똥멍청이가 되었어요』는 이것으로 마칩니다. 긴 시간 동안 감사합니다.

가까운 미래에서 함께해요

✓ 중학교 선생님이 초등학생과 부모님께

✓ 고등학교 선생님이 중학생과 부모님께

✓ 20대 초등학교 선생님이
곧 성인이 될 고등학생과 부모님께

초등학생 여러분!

이제 막 중학교로 진학하려고 하니 기분이 어떤가요?

초등학교와 중학교의 가장 큰 차이는 교과마다 선생님이 바뀌는

거예요. 바뀌는 환경에 적응하려면 어떤 능력이 있어야 할까요?

첫째. 다른 사람의 말을 귀담아듣고, 그에 맞게 나의 생각을 표현

하여 서로를 조금씩 이해하는 거예요. 중학교에 올라오면 친구 관

계가 참으로 중요한데요, 선생님의 중학 생활을 생각해 봐도 친구

관계가 참 힘들었어요. 하지만 지금부터 타인의 생각을 조금씩 이

해하려고 노력한다면 친구들과 편하게 지낼 수 있을 거예요.

둘째. 부모님과 대화하다 보면 답답한 부분도 있겠지만, 세상에서

가장 소중한 사람임을 잊지 말고 부모님께 먼저 자기 생각을 조금

씩 표현해 보세요. 중학교 때는 신체적, 정신적으로 변화가 많아서

초등학교 때 부모님과의 대화를 쌓아두지 않으면 점점 부모님과 멀

어질 수도 있답니다.

셋째. 여러분은 세상을 살면서 다양한 환경에 처하게 돼요. 코로나 바이러스가 갑자기 세상을 혼란스럽게 만들었는데, 하루하루 공부 목표를 세워서 해낼 수 있는 방법을 찾아야 해요. 스스로 고민해서 판단하고 행동하는 멋진 능력을 기르기를 바랍니다.

여러분이 최선을 다하는 멋진 하루하루를 응원할게요.
조만간 중학교에서 만나요!

초등학생 학부모님!

표현은 다소 거칠지만, 아이 걱정은 죽을 때까지 계속되는 것 같습니다. 단, 걱정이 걱정으로 끝나지 않을 방법을 공유해 볼까 합니다. 미래 사회에서 개인에게 필요한 능력은 공감 능력, 문제해결 능력이라고 생각해요. 우리 아이에게 꼭 맞는 방법을 제시해 드리지는 못하지만, 공통의 방법은 이야기해 볼게요.

첫째. 우리 아이의 공감 능력 기르기 방법으로 '다양한 경험 및 체험'을 권해드립니다. 인간의 사회화라는 건 경험의 총합에서 나오는 것 같아요. 사소한 경험, 예를 들어 같이 산책을 하거나 맛있는 음식을 먹으러 가는 경험을 아이들과 함께하시고 대화를 나누어 주세요.

둘째. 아이와의 긍정적 대화를 권해 드립니다. 이야기를 할 때는 최대한 긍정적으로 아이의 말을 이해하려고 노력하는 자세를 보인다면 아이의 사회화에 도움이 될 것 같습니다.

셋째. 아이에게 맞는 학습 방법을 같이 찾아보세요. 획일적인 학습 방법은 아이에게 큰 효과가 없을 수도 있습니다. 학습 방법을 함께 고민하면서 아이가 좋아하는 것부터 천천히 할 수 있도록 옆에서 격려해 주세요.

사춘기 아이들은 의외로 스트레스가 많아요. 아이가 어른이 되는 과정에는 어른들의 절대적인 격려와 지지가 필요하다고 생각합니다.

부모님의 행복과 아이들의 행복을 함께 응원하겠습니다.

중학생 여러분!

특목고로 갈 것인가, 특성화고로 갈 것인가, 일반고로 갈 것인가

첫 번째 선택을 앞두고 이런저런 생각이 많을 것이라고 여겨집니다.

어디가 좋을까 하는 질문 전에

여러분은 무엇을 하고 있을 때 가장 재미있나요?

여러분은 어떤 일을 할 때 보람을 느끼나요?

여러분은 어떤 사람이 되고 싶은가요?

진로 선택이라는 것은

'나' 자신이 좋아하고 잘할 수 있는 일들을 찾아가고

'나' 자신이 보람을 느낄 수 있는 것들을 실천하고

'나' 자신이 되고 싶은 모습으로 되어 보는

작은 시작, 첫 발자국을 새겨가는 것입니다.

여러분의 이야기를 듣고 싶어요.

여러분이 꿈꾸는 세상을 함께 만들어 가고 싶어요.

두려워 말고 용기 있게 첫발을 내딛어주세요.

고등학교에서 기다리고 있겠습니다.

중학생 학부모님!

고등학교 3년은 마치 1년처럼 지나가는 것 같습니다.

인생에 있어 중요하지 않은 시기는 없지만,

고등학교 생활은 조금 더 중요한 시기인 것 같습니다.

그래서 부모님께 꼭 말씀드리고 싶은 것이 있습니다.

첫째는 학생들의 건강관리에 신경 써 주세요.

의외로 성적이 안 오르는 이유가 체력 때문일 때가 많습니다.

평소에 운동하는 시간을 충분히 주시고, 영양제도 챙겨주세요.

둘째는 아이들과 대화 시간을 가져 주세요.

고등학생이 되면 사춘기의 그 뾰족함은 많이 사라지고 어느새 어

른스러워진 든든한 모습을 보이기 시작할 때입니다.

그러나 그들은 아직 어른이 아니라서 "넌 괜찮은 아이야." "네가 나

의 자식이라 자랑스러워." "넌 잘 할 수 있을 거야." 하는 부모님의 지지와 칭찬을 들어야 비로소 자신이 괜찮은 사람이고, 자랑스러운 사람이고, 잘 할 수 있을 거로 생각합니다.

부모님과 사이가 좋아야 무언가를 해 볼 용기도 의지도 솟아나는 것 같아요.

입시 정보는 대교협(http://www.kcue.or.kr),

어디가(http://www.adiga.kr)를 통해 확인하실 수 있고,

더 자세한 것은 각 대학교 입학처 홈페이지–공지사항에 가면 입학요강(수시/정시)뿐만 아니라 작년 입시 결과(수시 내신 성적, 정시 수능 성적)도 보실 수 있습니다.

아이들과 함께 하는 지금의 소중한 시간,

저도 함께 소중히 지켜 가겠습니다.

고등학생 여러분, 안녕하세요.

선생님은 10년 전에 고등학교를 졸업하고 지금은 초등학교 교사로 일하고 있어요. 초등학교, 중학교 때의 기억은 점점 흐릿해지는데 고등학교 때의 추억은 지금도 생생하네요.

저녁을 잔뜩 먹고 배가 너무 불러 친구들과 빠른 걸음으로 운동장을 돌던 모습, 쉬는 시간에 원더걸스와 샤이니의 노래를 틀어놓고 친구들과 깔깔 웃으며 춤을 추던 모습, 2학년 때 학교를 마치고 분식점에서 담임선생님이 어묵을 사주셨던 모습, 모의고사 1교시를 망쳐서 너무 속상했던 나머지 배가 너무 아프다고 하고 시험을 포기하고 조퇴했던 모습 등 많은 날이 떠올라요.

매일 수능 공부를 하느라 특별한 추억이 별로 없는 줄 알았는데 이렇게 많은 장면이 떠오르는 것으로 보아 고등학교 시절은 정말 특별한 시간으로 우리 마음속에 남는 것 같아요.

여러분도 고등학교에서 즐거운 추억을 많이 만들면 좋겠어요.

이제 여러분도 많은 선배들이 그래왔던 것처럼 입시 또는 취업을 준비하며 힘든 하루하루를 살아가겠군요. 여러분에게 힘내라는 응원의 말을 해 주고 싶어요. 그리고 여러분에게 미리 꼭 해 주고 싶은 한 마디가 있어요.

"고등학교를 마쳤을 때의 결과가 여러분 인생 전체의 결과는 아니에요."

고등학교에 가면 평소 자신이 앞으로 살아가고 싶은 삶의 모습과 목표에 대해 진지하게 생각하고, 진로 목표를 이루기 위해 최선을 다해 노력하되 그 결과가 내가 원했던 것이 아니더라도 너무 크게 절망하지 않았으면 좋겠어요. 인생은 단 한 번의 성공이나 실패로 결정 나는 것이 아니니까요.

 자신의 삶을 사랑하고 어떤 문제든 헤쳐 나가려는 용기를 가지고 굳세게 생활하면 결국엔 여러분이 원하는 삶의 모습을 살게 될 것이라고 선생님은 믿습니다. 여러분이 항상 자기 자신을 믿고 스스로를 응원하면서 몸과 마음이 건강한 고등학교 생활을 해 나가기를 가슴 깊이 소망합니다. 파이팅!

안녕하세요, 학부모님!

예민하고 섬세한 사춘기 고등학생 자녀들을 키워내시느라 정말 고생이 많으셨습니다.

 이제는 본격적으로 입시와 취업 준비를 해야 해서 많은 학생과 부모님들이 걱정과 불안에 힘들어하실 것 같아요. 이 불안을 해소하는 가장 좋은 방법은 그 불안이 어디에서 오는지 자세히 살펴보고 문제를 해결하기 위한 구체적인 방안을 찾는 것입니다.

 아이가 진로 계획을 짜는데 어려움을 겪는다면 부모님의 적극적인 관심과 도움이 필요합니다. 부모님의 꿈을 아이에게 강요하지 말아 주세요. 대화와 관찰을 통해 내 아이의 성향과 특성을 제대로 파악하고 필요할 경우에는 사설 진로 적성검사를 활용해 아이의 성격과 적성을 분석하고 아이가 진로 계획을 스스로 세워나갈 수 있도록 도와주셔야 합니다.

진로 방향이 세워지면 인터넷, 서적 등 다양한 매체를 활용하여 효과적인 입시 전략을 세워야 합니다. 그리고 아이가 원하는 진로로 나아갈 수 있도록 현실적인 입시 목표를 세워 준비해 나가는 것이 좋습니다. 요즘은 유튜브에 입시 전형에 대해 상세하고 쉽게 알려주는 콘텐츠가 아주 많이 있어 도움을 쉽게 받을 수 있습니다. 그리고 현시대는 학벌보다도 자신의 분야에서 얼마나 탁월한 능력을 발휘하느냐가 더 중요한 시대이기 때문에 대학 타이틀에 너무 얽매이지 않았으면 합니다.

학업과 관련해서는 식구들이 함께 공부하는 분위기를 형성해서 학생이 혼자 외롭게 시험을 준비하는 감정이 들지 않도록 해 주세요. 평소 아이를 격려하고 칭찬하는 말을 자주 해 주시면 좋겠습니다. 고등학생 아이들이 툴툴거리고 별 반응이 없는 것처럼 보여도 실제로는 부모님의 따뜻한 말에 많은 힘을 얻거든요.

앞으로도 가족 모두가 매일 건강하시기를 소망하고, 우리 아이들이 씩씩하게 고등학교 생활을 하면서 자신이 원하는 삶의 방향으로 걸어 나갈 수 있기를 응원하고 있겠습니다.

Thank to

김은영 선생님

제가 일에 전념할 수 있게 항상 도와주시는 우리 부모님, 나보다 더 철이 든 착한 여동생, 그리고 귀여운 제 남동생까지 우리 가족 모두에게 감사합니다.

최대철 선생님

나를 나로 살게 해 주는 원동력이 되는 가족에게 항상 고마움을 느낍니다.
또한 이 책을 읽고, 조금이나마 도움이 되신 분들께도 감사드립니다.

김선미 선생님

나를 항상 응원해 주는 사랑하는 내 짝꿍, 그리고 바라보는 것만으로도 나에게 희망이 되고 힐링이 되는 두 아이들, 마지막으로 독자 여러분 고맙습니다.

똥멍청이가
되었어요

2021년 5월 3일 | 초판 1쇄

지은이 | 김은영 · 최대철 · 김선미
펴낸이 | 유윤선
펴낸곳 | 토크쇼

편집인 | 김수진
디자인 | 이민정
마케팅 | 김민영

출판등록 2016년 7월 21일 제2019-000113호
주소 | 서울시 서초구 나루터로 69, 107호
전화 | 070-4200-0327
팩스 | 02-780-0327
전자우편 | myys327@gmail.com
블로그 | http://blog.naver.com/talkshowpub
ISBN | 979-11-91299-10-6 (03370)
정가 | 15,000원

진로직업 간접체험에 아주 좋은

잡프러포즈
40권 세트

잡프러포즈 시리즈는　　1. **가장 많은** 직업인을 소개합니다.
　　　　　　　　　　　　2. **가장 깊은** 직업인 이야기를 들려줍니다.
　　　　　　　　　　　　3. 대화체 형식으로 **가장 쉽게** 읽을 수 있습니다.

* **한 권 한 명의 직업인**

* **초중고생 희망 Top 20 직업 다수 포함(2019 교육부 발표)**
　프로파일러, 승무원, 웹툰작가, 웹소설작가, 중등교사, 인공지능전문가,
　의사, 셰프, 변호사 등

* **유일하게 소개하는 직업 다수 포함**
　예능피디, 뮤지엄스토리텔러, 벤처캐피털리스트, 음향효과감독, 백화점바이어,
　영상기자, 가정의학과의사, 소아청소년과의사, 안과의사, 정신건강의학과의사,
　피부과의사, 변리사, 의료데이터과학자 등

40권 세트 600,000원

잡프러포즈 시리즈는 계속됩니다.